만지일보 편집장   오키나와 레전드 뮤지션
김장규 X 키나 쇼키치

평화 일직선, 키나 쇼키치를 만나다

자일보 편집장
김장규

오키나와 레전드 뮤지션
키나 쇼키치

평화 일직선,
키나 쇼키치를 만나다

1.

조선이라는 나라가 있었다.

남쪽으로 고개를 돌려 바다를 건너면 밀접한 교류 위에 외교 관계가 돈독했던 한 나라가 있다. 난파된 상대국 사람을 구조하면, 서로 후하게 대접해 돌려보낼 정도다. 지정학적 위치를 살려 해상무역으로 번성했고, 한·중·일과 교류하며 고유의 문화를 이뤘다.

이 나라는 1429년부터 1879년까지 450년간 류큐왕국이라는 이름으로 존재했고 일본에 무력으로 병합돼 반강제적으로 '오키나와현'이라는 이름으로 편입되었다가, 제2차 세계대전 막바지에 일본 본토를 지키기 위해 버려지는 돌로 취급돼 지상전에 떠밀려 주민의 4분의 1이 죽었다.

전쟁이 끝난 후, 미국에 27년간 양도되어 군사기지가 잔뜩 세워졌으며 1972년 반환 이후에도 상황은 여전하다. 일본 본토의 정치인들에게 미일안보 관계는, 미국의 동아시아 전략은, 오키나와보다 딱 그만큼 중했다.

오키나와가 일본으로 받은 상처의 계산서가 존재한다면 1609년, 에도막부의 사츠마번이 류큐왕국을 침략했을 때부터 그 액수가 400년간 갱신되었을 게다.

그것도 매년.

2.

이 이야기를 꺼낸 이유는 키나 쇼키치를 이해하기 위한 퍼즐의 한 조각이기 때문이다.

그는 1948년생이다. 미국이 오키나와를 통치하던 시절에 태어났고 일본은 다른 나라라 생각하며 어린 시절을 보냈다.

그리 살다 형무소에 들어갔는데 나와보니 '달러' 대신 '엔'을 쓰고 '미국 시대'가 '야마토 시대'로 바뀌어 있었으며 13살 때 흥얼거리며 만든 〈하이사이 오지상ハイサイおじさん〉이란 곡이 본토까지 퍼져나가 어느새 오키나와를 대표하는 스타가 되었다.

그렇다고 키나 쇼키치가 오키나와만을 생각하는 사람이 되었는가, 하면 그렇지 않다. 독자분들이 키나 쇼키치를 통해 그의 음악과 삶을 지나 오키나와라는 또 하나의 '틀'을 얻어 세상을 본다면 이 책을 쓴 이유에 더없이 부합된다. 참으로 기쁜 일이다. 해서, 가독성을 우선 가치로 두고 그의 말과 말 사이에 있는 공백을 메울 수 있는 역사와 이야기에도 나름의 노력을 기울였다.

하지만 이러한 나의 목적과는 별개로 오키나와라는 '틀'로만 키나 쇼키치를 바라본다면 인간을 하나의 견해로만 묶어놔야 직성이 풀리는 얄팍한 인간이 되기 십상이다.

그는 오키나와 주민들의 지지를 바탕으로 국회로 갔고 (키나 쇼키치는 전직 참의원 의원이다) 선거에서 무참히 패배하기도 했지만(오키나와현지사 선거) 그가 최종적으로 안착한 곳은 '평화'다.

그것도 무려 '세계 평화'다.

3.

영화나 소설에 자주 등장해 일견 조롱받기 쉬운 이 목적

을 달성키 위한 키나 쇼키치의 노력은 아득히 진지하고 아
득히 즐겁다. 전쟁이 언제 터질지 모르는 이라크 한복판으
로 날아가 평화 가두행진을 하는가 하면 세계 각지를 돌아
다니며 사람을 모은다. 아니, 모인다. '전쟁보다는 축제를'
이라는 그의 생각대로 정말 축제를 열어버린다.

이는 저항이나 투쟁의 방법이 축제일 때, 즉 사람들이 웃
고 떠들며 즐거울 때 효과적이라는 걸 그가 체감했기 때문
이다.

해서일까, 그의 〈하나~ 모든 사람의 마음에 꽃을~花~
すべての人の心に花を~〉이란 노래는 60여 개국에 리메이크되어
세계적으로 3000만 장 이상이 팔린다. 세계적인 위상에 비
하면 한국에선 키나 쇼키치가 증발했다고 표현될 정도지
만, 그는 남북 관계의 진전을 바라며 매년 아리랑을 부른
다. 그의 꿈이 DMZ에서 한반도 평화를 위해 공연하는 것
이기도 하다.

우리는 그를 보고 있지 않았지만 그는 계속 우리를 보고
있다.

4.

키나 쇼키치는 인간을 국가나 이념, 종교나 민족에 한정해 보지 않는다. 오직 개인이다. '위정자에게 의지하지 않는 삶의 방식'으로 살아온 오키나와인의 매력에 더해 제멋대로 살고 제멋대로 말하고 그 말을 온전히 책임지며, 미덕도 악덕도, 자본주의자도 공산주의자도 모조리 받아낸 이 남자는 유쾌하고 씩씩하다.

해서인지 나는 그의 나이를, 이력을 정리하며 처음 인식했다. 속사포같이 쏟아져 나오는 의견들, 고속으로 튀는 주제, 광범위한 테마는 때론 별것 아닌 것 같으면서도 감정을 흔든다. 하나하나가 머리에서 나온 말이 아니라 피와 뼈에서 나온 것이기 때문이리라. 오직 인간 개인의 가치를 최고로 여기며 사람을 대하기 때문이리라.

씩씩하고 유쾌하며 광범위한 키나 쇼키치와의 대화로 얻은 나의 즐거움이 온전히 독자에게 전해졌으면 한다. 이 책이 키나 쇼키치 입문서가 된다면, 나로선 목적 달성이다.

이념은 스쳐 지나가도 음악은 남는다.

Thanks to

이 책이 나오기까지 많이 이의 도움이 있었기에 이곳에 적어두고 싶다.

기사로 내지 못한 채 언제까지고 잠자고 있을 게 뻔했던 원고를 출판하자 말해준 동시에 이 책의 편집을 도맡아준 생각비행의 손성실 대표, 키나 쇼키치와의 인터뷰를 주선한 김지훈 프로듀서, 원고를 꼼꼼히 봐주며 나의 실수를 다정하게 질책해준 친구 마츠오 카즈히코松尾和彦, 관련 자료를 묵묵히 번역하며 나의 괴롭힘에 응해준 친구 현상훈, 항상 바보 같은 동생을 도와주며 이번에도 현지에서 지원해준 요코야마 신이치橫山進一 형. 항상 최초로 원고를 읽고 비판해주는 나의 아내 최고운. 딱히 똥만 싸고 하는 일은 없는 것 같다만 보는 것만으로 기분을 좋게 하는 나의 아들 김규진. 한 명이라도 없었다면 이 책은 나오지 못했다. 모두 감사하다.

그리고 최초로 키나 쇼키치와 닿게 해준, 서대문 형무소 수감번호 444번이자 평생 보도연맹 사건의 진실을 위해 헌신한 나의 할아버지가, 보고 싶다.

| 차례 |

2부
일본에서 키나 쇼키치를 만나다

부록

1부
한국에서
키나 쇼키치를
만나다

지옥을 본 남자의 유일한 친구

1.

한 남자가 집으로 돌아온다. 아내는 요리 중이다. 남자는 방으로 가 이불 뒤집어쓴 7살 딸아이를 본다. 반가운 마음에 이불을 들춘다.

딸의 머리가 없다.

2.

아내는 살아 있는 딸의 목을 도끼로 쳤다. 남편이 돌아왔을 때 딸의 머리는 솥 안에서 끓고 있는 중이었다. 이후, 본

1부 한국에서 키나 쇼키치를 만나다

인이 한 일을 깨달은 아내는 자살, 남편은 폐인이 된다.

1962년 5월 23일, 오키나와의 한 마을에서 일어난 일이다.

3.

제2차 세계대전 막바지, 일본 수뇌부는 연합군을 상대로 '본토 결전'을 계획한다. 지더라도 시간을 버는 게 항복 교섭에 유리하다는 판단이다. 오키나와는 본토를 위해 버리는 땅이 되고 오키나와 주민은 본토를 위해 버리는 인간이 된다.

오키나와 주민에겐 두 가지 길이 있었다. 미군과 싸우다 죽거나 이를 거절하고 일본군에게 죽거나.

지옥을 본 이들은 이전과 달랐다. 머리가 이상해진 사람이 많았다. 7살 딸의 목을 잘라 솥에 끓여 요리한 엄마가 그중 하나다.

4.

매일 술로 연명하며 폐인이 된 남편은 동네에서 따돌림을 받는다. 아이들은 그를 따라다니며 돌을 던진다. 어른들

지옥을 본 남자의 유일한 친구

은 아무 말 하지 않는다. 유독 한 아이만은 그를 따뜻하게 대한다.

훗날, 이 아이는 일본 전국을 떠들썩하게 할, 태연스러우면서도 신나는 노래 한 곡을 만든다.

5. 〈하이사이 오지상〉 가사

1절

ハイサイおじさん ハイサイおじさん

昨夜(ゆうび)ぬ三合ビン小(ぐゎ)残(ぬく)とんな

残(ぬく)とら我(わ)んに 分(わ)きらんな

ありあり童(わらび) いぇ一童(わらび)

三合ビンぬあたいし 我(わ)んにんかい

残(ぬく)とんで言ゆんな いぇ一童(わらび)

あんせおじさん 三合ビンし不足(ふずく)やみせぇーら

一升(いっす)ビン我(わ)んに 呉(くぃ)みせーみ

안녕하세요 아저씨, 안녕하세요 아저씨.

어제의 세 홉짜리 술병 남아 있나요?

남았으면 저에게 나눠주지 않을래요?

어이어이 꼬마야 어이 꼬마야.

겨우 세 홉짜리 술병으로 나한테

남은 술이 있는지 묻는 거냐? 어이 꼬마야?

저기, 아저씨. 세 홉짜리 술병으로 부족하다면

한 되짜리 (빈)술병을 저에게 주세요.

2절

ハイサイおじさん ハイサイおじさん

年頃(とぅしぐる)なたくと 妻(とぅじ)小(ぐゎ)ふさぬ

うんじゅが汝(いやー)ん子(ぐゎ)や呉(くぃ)みそうらに

ありーあり童(わらび)いぇー童(わらび)

汝(いやー)や童(わらび)ぬくさぶっくいて

妻(とぅじ)小(ぐゎ)とめゆんな いぇー童(わらび)

あんせおじさん 二十や余て三十しじてぃ

白髪(しらぎ)かみてから 妻(とぅじ)とめゆみ

안녕 아저씨. 안녕 아저씨.

이제 나이도 차고 장가가고 싶은데

아저씨 따님 저에게 주지 않으실래요?

지옥을 본 남자의 유일한 친구

어이어이 꼬마야. 어이 꼬마야.

꼬맹이 주제에 뭐라는 거야.

장가를 간다고? 어이 꼬마야.

그렇다면 아저씨, 스물 서른 넘어서

흰머리가 나서야 장가라란 말인가요?

3절

ハイサイおじさん ハイサイおじさん

おじさんカンパチ まぎさよい

みーみじカンパチ 台湾はぎ

ありあり童(わらび) いぇー童(わらび)

頭(ちぶる)んはぎとし 出来やード

我(わ)ったー元祖(ぐゎんすん)ん むる出来やー

あんせおじさん 我(わ)んにん整形しみやーい

あまくまカンパチ 植(い)いゆがや

안녕 아저씨. 안녕 아저씨.

아저씨 대머리가 훤하네요.

지렁이 같은 대머리, 대만 대머리.

어이어이 꼬마야 어이 꼬마야.

대머리가 머리가 좋은 거란다.

내 선조들도 훌륭하신 분이었다.

그러면 아저씨, 저도 그렇게 해볼래요.

여기저기 대머리 심어볼까요.🎤

4절

ハイサイおじさん ハイサイおじさん

おじさん髭(ふぃじ)小(ぐゎ)ぬ をかさよい

天井(てぃんじょ)ぬいぇんちゅぬ 髭(ふぃじ)どやる

ありあり童(わらび) いぇー童(わらび)

汝(いやー)や 髭髭(ふぃじふぃじ)笑ゆしが

髭(ふぃじ)小(ぐゎ)ぬあしがる むてゆんど

あんせんおじさん 我(わ)んにん負きらん明日(あちゃー)から

いぇんちゅぬ髭(ふぃじ)小(ぐゎ) 立てゆがや

🎤 머리카락이 아닌 대머리를 심는 것이 웃음 포인트.

지옥을 본 남자의 유일한 친구

안녕 아저씨, 안녕 아저씨.

아저씨 수염은 우습네요.

천장에 사는 생쥐 수염 같아요.

어이어이 꼬마야 어이 꼬마야.

너는 수염을 비웃겠지만

수염이 있으니까 잘되는 거야.🎤

그러면 아저씨, 나도 지지 않고 내일부터는

생쥐 수염을 길러볼까요.

5절

ハイサイおじさん ハイサイおじさん

昨日ぬ女郎(じゅり)小(ぐゎ)ぬ 香(か)ばさよい

うんじゅん一度 めんそーれー

ありあり童(わらび) いぇー童(わらび)

🎤 보통 일본 본토인은 'むてゆんど' 부분을 여자한테 인기가 있다라는 의미로
해석하지만, 오키나와 민요 연구가에 따르면 이 번역은 틀렸다. 원래 가지가
널리 뻗어가다 정도의 의미로 살이 찌다. 무성하게 자라다, 번창하다 등등의
뜻으로 쓰인다. 그러므로 "수염이 있어야 번영하는/번창하는 거다" 정도가
옳은 직역이다.

1부 한국에서 키나 쇼키치를 만나다

辻, 中島, 渡地とぅ

おじさんやあまぬ株主ど

あんせんおじさん毎日(めーなち)あまにくまとーてぃ

我(わ)んねー貧乏(ひんすー)や たきちきゆみ

안녕 아저씨, 안녕 아저씨.

어젯밤 유녀는 요염했어요.

아저씨도 한번쯤 가보세요.

어이어이 꼬마야 어이 꼬마야.

아저씬 치지, 나카시마, 와탄시의 주주株主(단골)란다.🎤

그럼 아저씨, 맨날 거기에 빠져 살아서

나에게 가난하게 살라는 거예요?

6.

키나 쇼키치. '키나 쇼키치 & 참프루즈'의 리더 겸 보컬.🎤🎤

오키나와 민요를 현대식으로 재해석해 민중에겐 스타로,

🎤 치지, 나카시마, 와탄시는 오키나와의 유곽이 있던 곳이다.
🎤🎤 참프루는 오키나와의 전통 볶음요리다.

지옥을 본 남자의 유일한 친구

평론가에겐 민요를 타락시킨 잡놈으로 평가된다. 민요 타락의 주범이라는 비판을 받자 자신의 노래를 즐길 수 있는 민요주점을 열어, 밤마다 집 한 채를 지을 수 있을 만큼 매출을 올려버린 반항아.

불법마약소지죄가 있는 전과자이기도 하며 6년간 민주당 국회의원(참의원 의원)이기도 했고 60개국에 3000만 장 이상의 음반을 팔아버린 가수이기도 하며 선전포고된 지역도 불사하며 방문하는 평화운동가이기도 하다.

〈하이사이 오지상〉 노래 속의 1948년생 꼬마 아이, 키나 쇼키치와 만났다.

〈하이사이 오지상〉과
나의
오지이상
(할아버지)

죽지않는돌고래(돌) 어릴 적에 〈하이사이 오지상〉을 들었습니다.

      키나 쇼키치(키) 오. 어떻게 〈하이사이 오지상〉을 알고 있었죠?

돌 어릴 적에 할아버지가 가끔 이 노래를 들었어요. 그 노래가 〈하이사이 오지상〉인 건 꽤 나이가 들어 알았지만.

키 조부님은, 한국 분이시죠?

돌 네.

키 재일교포도 아닌데 어떻게….

돌 집안 역사가 좀 복잡합니다.

키 궁금하군요.

돌 증조부가 할아버지를 일본으로 유학 보냈어요. 독립운동가 아들이라 요주의 인물로 찍혀 매일 정해진 시간에 경찰서에 오지 않으면 뺨을 때렸다고 하더군요. 그러다 유학 중 징집당하고 탈출도 하고…. 그런 이야기를 재미있게 듣고 컸는데 정작 중요한 이야기는 가슴에 묻고 하지 않았습니다.

해방 이후 본인의 아버지, 즉 제게는 증조부가 살해당했거든요. 정치적인 이유가 있었지요. 제 할아버지의 삶은 그때부터 완전히 바뀌었어요. 감옥도 가고 고문도 당하고 감시도 받고.

유학 당시의 영향인지, 일본의 지인들과 꾸준히 연락을 주고받아서인지, 할아버지는 노래나 시를 한국어로 번역해 이따금 말해주었습니다. 그분의 삶을 온전히 이해할 나이는 아니었지만, 할아버지의 이런저런 말 속에 슬픔이 있었던 것만큼은 확실히 알고 있습니다.

그 느낌이 뭐였을까. 단순한 감정은 아니었는데, 할아버지가 돌아가시고 난 뒤 자꾸 기억이 났어요. 할아버지가 한국어로 번역해 외워줬던 시는 뭐였을까, 듣던 그 노래는 뭐였을까. 커서 몇 구절과 단어만 가지고 필사적으로 기억해냈는데 적어도 2개는 찾았습니다.

하나는 이시카와 다쿠보쿠의 〈나를 사랑하는 노래〉라는 시, 그리고 또 하나가 제 앞에 계신 키나 쇼키치 선생의 〈하이사이 오지상〉이란 노래이지요.

이시카와 다쿠보쿠(본명 이시카와 하지메)는 일본 메이지 시대의 시인이자 문학평론가다. 여러 편의 소설을 썼으나

단 하나도 성공하지 못했다. 평생 경제적으로 불우하게 살았으며 26세에 결핵성 복막염으로 죽는다. 사후에 인정받아 국민시인 반열에 오른다. 한국의 시인 백기행이 그의 시를 사랑하여 이름 중 이시石를 가져와 백석白石이라는 필명을 썼다.

키　아, 왠지 기쁜데…. 그건 몇 년 전이었죠?

돌　20년도 더 된 이야기죠. 어린 저는 그게 어떤 음악인지 몰랐습니다. 커서 생각해보니 할아버지와 같은 삶을 산, 슬픈 역사랄까, 한을 품은 사람이 좋아할 법한 노래라고 추측할 뿐입니다.

키　〈하이사이 오지상〉을 한국에서 듣는 분이 있었다니, 참으로 기쁘구먼. 참으로 기뻐.

돌　노래의 배경도 몰랐고, 뜻도 몰랐고, 묘하게 신나는 느낌이 마냥 좋았는데, 어른이 된 이후엔 가슴에 스며들더군요.

> **키**   그건 말이지, 천천히 불러도 통하는 노래였지.

돌   원래 천천히 부르는 노래였지요.

> **키**   천천히 부르면 천천히 부르는 노래가 되는 거지. 가슴에 스며든다니 쑥스럽구먼.

돌   무슨 말씀을. 일본어를 많이 잊었는지라 혹시나 말에 예의가 부족하다면 양해를 구합니다.

> **키**   그런 건 걱정 말게.

이후, 한동안 잡담이 오갔다. 서로의 간격이 좁아졌다. 아니, 애초에, 처음 만났는데도 거리감이 느껴지지 않는 묘한 사람이다.

interview 03

이쪽은 오키나와, 저쪽은 미국 세계

죽지않는 돌고래(돌) 〈하이사이 오지상〉은 경험에서 나온 곡이지 않습니까. 어린 시절은 미군이 통치하던 시기였을 텐데, 그때가 어땠을지 저로선 상상이 잘 안 갑니다.

키나 쇼키치(키) 내가 태어난 곳은 본가에서 떨어진 곳이었는데, 거기서 4살인가 5살까지 살았지. 태어난 집에서 북쪽을 보면 오키나와의 시골이, 남쪽을 보면 미군기지가 있었어. 그래서 미군과 결혼한 오키나와 여성도 많았고. 그러니까 이쪽을 보면 오키나와 시골, 저쪽을 보면 미국 세계, 그런 곳이었지.

키나 쇼키치는 1948년 6월 10일생, 고향은 오키나와현 코자시다. 원래는 고야胡屋(ごや)란 지명이었다. 제2차 세계 대전 당시, 미 육군은 미 해군이 작성해놓은 고야Goya(Koya)라는 지명의 필기체 소문자 y를 z로 착각했다. 해서, 코자라 부르게 된다. 조금은 어이없는 유래다.

1956년, 전국 유일의 가타카나 지명으로 기록되면서 고야는 정식으로 코자시라는 이름을 가지게 된다. 이후 27년간 미군통치를 거쳐 일본으로 복귀, 1972년에 오키나와시로 개칭된다. 지금도 종종 코자라는 애칭으로 불린다.🎤

돌 지금 세대, 즉 저 같은 사람은 상상하기 쉽지 않습니다. 주위 사람은 다 자기랑 비슷한데 피부색과 머리색이 다른 이들이 통치하고 있는 곳의 어린 시절이라…. 뭔가 특별한 생각을 가졌나요? 난 일본인인데 왜 미군이 통치

🎤 카도카와일본지명대사전(角川日本地名大辞典) 참고. https://bit.ly/2FnelCG

이쪽은 오키나와, 저쪽은 미국 세계

하고 있지, 같은?

> **키** 어릴 때였으니 그런 건 몰랐지. 그게 이상하다고 느
> 낀 게, 아주 강렬한 임팩트가…. 아 참, 그전에 말이지,
> 오키나와를 일본의 일부라고 생각하지 않았어. 우린 오
> 키나와가 일본이란 생각을 하지 않았어.

1945년 일본이 제2차 세계대전에서 패망한 이후, 류큐
열도(현재의 오키나와)는 1972년까지 미국이 통치한다. 주일
미군 대부분이 지금도 오키나와에 주둔하고 있고 이는 오
랜 기간 바뀌지 않을 예정이다.

오키나와는 동중국해 포위망의 정중앙으로 미국의 동아
시아 지역 패권을 상징한다. 위로는 한국, 왼쪽으로는 중
국, 아래로는 대만과 필리핀을 커버할 수 있는 곳. 역으로
이곳이 과거 소련이나 현재 중국의 기지였다면 상황은 정
반대가 됐을 것이다. 베트남 전쟁 당시, 미군이 오키나와
기지에서 출발해 폭격했다는 것만 봐도 이 지역이 군사적,
전략적 요충지임을 확인할 수 있다.

일본 패망 이후, 미국은 히로히토 '텐노'의 권력을 박탈하고 A급 전범들에게 형사책임을 지우는 선에서 전쟁의 책임을 물었다. 한국을 포함한 전쟁 피해국들은 분노했으나 이는 미국이 동아시아 지역에서 패권을 차지하기 위한 암묵적 합의이기도 했다. 오키나와를 얻기 위한.

키나 쇼키치는 그런 곳에서 어린 시절을 보냈다.

톨   자연스럽게 다른 나라라고 생각한 건가요?

키   그렇지. 일본인은 다른 나라 사람이라고 생각했어. 그런데 복귀운동(오키나와 반환운동)이 일어났지. 내가 아마도 16, 17살 때였을 거야.

마침 그때 일본에선 안보투쟁🎤 같은 게 활발했으니까.

🎤 미일안전보장조약의 개정에 반대하는 대규모 반정부, 반미운동 및 그에 따른 대규모 시위. 1960년 6월엔 개정 저지를 위해 33만 명의 시위대가 국회를 포위하기도 한다. 일본 시민들이 전쟁의 참담함을 기억하고 있던 시대로 조약이 개정되어 군사적 동맹이 강화되면 일본은 미국의 전쟁에 개입하거나 핵무장이 이루어질 수 있다는 불안감이 강했다. 일본 전후 사상 최대 규모의 시민운동으로 1960년(60년 안보투쟁)과 1970년(70년 안보투쟁)의 2회로 나누어진다.

이쪽은 오키나와, 저쪽은 미국 세계

돌이켜보면 안보투쟁에서 패배한 쪽이 속속 오키나와로 밀려왔지. 그러곤 복귀운동이 일어나고. 코자폭동도 일어나고.

1970년 12월 20일, 코자시에서 음주운전을 하던 미군이 오키나와 주민을 치는 사고가 발생했다. 미 헌병과 류큐 경찰이 와서 사정청취를 하는데 지역 주민이 모여들기 시작한다. 주민들은 '이토만의 전례를 되풀이하지 말자', '범죄자 외국인을 놓치지 말자'라고 소리친다.

불과 석 달 전인 9월, 음주운전 중이던 미군의 차에 오키나와 이토만시의 한 주부가 깔려 죽었으나 과속했던 미군이 12월 7일 무죄 판결로 풀려난 일이 있었다. 미군에 의한 살인, 강간 등의 사건이 비일비재했으나 비공개 군법회의로 넘어가던 시절이었다. 자연스럽게 미군에 대한 반감이 높아질 수밖에 없는 상황이다.

그 와중에 12월 20일 또다시 사고가 발생하자 코자시 주민들은 분노했다. 미 헌병은 위협발포를 했고 이를 계기로 주민들은 미 헌병 차량과 외국인 차량을 차례차례 방화하

며 반감을 표시했다.🎙️

흔히 코자폭동, 공식적으론 코자반미소동이라 한다. 물론 일본 본토 혹은 미군의 시각을 반영한 정의다.

> **키** 코자폭동은 내가 20살즈음이었지. 그런 과정을 통해 오키나와는 특별한 곳이라는 인식이 생겨났어. 그러고 복귀운동이 일어났는데. 복귀를 좋아하는 사람과 싫어하는 사람으로 나뉘었어. 나는 어느 쪽에도 속하지 않았어.

🎙️ 《저항하는 섬, 오끼나와: 미국과 일본에 맞선 70년간의 기록》, 오키나와공문서관(https://bit.ly/2CsHryt) 참조.

이쪽은 오키나와, 저쪽은 미국 세계

미군이 떠난 날, 유치장에 들어가다

죽지않는 돌고래(돌) 그러한 경험이 노래나 가치관에 영

향을 미쳤습니까?

키나 쇼키치(키) 〈하이사이 오지상〉을 만든 건 좀 더 소

극적인 이유였어. 그저 음악이 좋았어. 아버지도 전통음

악 장인이었고. 오키나와 최고 음악선생들은 모두 우리

집으로 놀러와 연습하곤 했지.

키나 쇼키치의 아버지 키나 쇼에이는 오키나와 민요 명

인이자 오키나와 전통악기인 산신(샤미센의 원형) 연주자다. 오키나와 민요의 선구자이자 황금기를 구축한 연주 천재로 오키나와 전투에서 피해를 본 사람들의 마음을 음악으로 달랬다. 중국에서 들어온 악기를 개량해 산바三板·三羽(문자 그대로 3개의 판으로 구성된 소형 타악기)를 만들어내기도 한다. 오키나와 민요 역사에서 빠질 수 없는 인물. 2009년, 88세에 암으로 사망했다.

돌　어렸을 때부터 음악적으론 아주 좋은 환경이었네요.

　　키　그렇지. 난 늘 고양이를 안고 창가에 앉아 머리가 희끗한 대선배님들이 서로 연주하고 경쟁하는 모습을 봤지. 그러고는 그분들이 돌아간 한밤중에 몰래 샤미센 같은 악기를 연주하고는 소리가 퍼지는 걸 듣곤 했어.

　샤미센은 일본 전통 현악기 중 하나다. 중국의 삼현三弦에 기원을 두고 있으며, 16세기에 오키나와沖繩에 도착, 현지형으로 탈바꿈한 것이 오키나와 전통악기인 산신三線이다. 이후 오키나와를 거쳐 다시 샤미센이 된다. 샤미센은 일본 고전 예능의 거의 모든 분야에서 쓰인다.

돌 〈하이사이 오지상〉이란 곡을 쓴 건 13살 때고 줄곧 공연은 하셨지만 정식 레코드로 발매된 건 20살 때(1969년) 잖아요? 어째서 그렇게 오래 걸린 겁니까?

> **키** 어릴 적, 오키나와 반환 전에 썼으니까. 처음엔 가사가 2절까지밖에 없었어. 지금은 5절까지 있잖아? 나머지 셋은 시간을 들여 나중에 쓴 거야. 오키나와 반환이 1972년이니까, 내가 몇 살이었더라? 23살이었구나.
>
> 레코딩도, 한 번에 그냥, 오키나와식으로 하나, 둘, 셋하고 끝내는 식이었는데, 지금 하는 방식은 전혀 다르지? 처음 한 번에 녹음한 건 아버지 전래민요 전집에 들어갔어.
>
> 그러고 나서 싱글판이 나왔는데, 그걸 일본의 한 프로듀서가 발견한 거지. 그래서 다시 레코딩하고. 27살이었나. 그즈음.

돌 전래민요 전집에 들어간 본인 음악이 크게 히트했다
는 건 유치장 안에서 들었죠? (웃음)

> **키** 잘 알고 있구먼. 하하하. 형무소에서 오키나와 반환
> 소식도 들었지.

돌 타이밍이 참.

> **키** 오키나와 반환이 이루어지던 날, 유치장에 갇힌 거
> 야. 오키나와 반환 같은 혁명적인 날에 유치장에 들어갔
> 으니 난 다를 수밖에. 그 후, 형무소에서 1년 반을 보냈
> 어. 그즈음 〈하이사이 오지상〉이 히트하고 일본의 뮤지
> 션들과 프로듀서들이 날 발견해 세상에 내놓은 거지.

키나 쇼키치는 1972년 1월 24일, 친구로부터 헤로인을
건네받아 소지하던 중 불법마약소지죄로 체포된다. 당시
오키나와는 마약철저박멸 정책을 시행했는데 마침 그 본
보기가 된 것이다. 해서, 키나 쇼키치는 오키나와현 검사

공소 제1호라는 기록을 가지게 된다. 초범임에도 불구하고 검찰구형 5년에 실형 1년 6개월을 선고받는다.

키 형무소에 있을 때 내 노래가 점점 들려왔는데, 참 신기하더군.

그리고 보니
나는
왕따였군

죽지않는 돌고래(돌) 〈하이사이 오지상〉은 본인에겐 어떤

의미입니까?

키나 쇼키치(키) 오키나와의 역사가 낳은 주인공이라 생

각해. 그 남자 아내가 정신병에 걸려 딸을 죽이고는 요리

로 만들어버렸잖아. 제정신이 돌아온 뒤 쇼크로 자살하

고. 전쟁의 산물이지.

노래 속 주인공인 아저씨는 알코올중독이었어. 길바닥

에 쓰러진 여자를 집으로 데려오곤 했는데, 전쟁으로 정

신이 나가버린 여자들도 많았어. 그러다 부부가 된 것 같아. 사람은 좋았어. 하지만 그 사건 후, 마을사람들로부터 왕따를 당하고 매일같이 아이들 예닐곱 명이 돌을 던지며 따라다녔지.

그런데 난 그 아저씨와 사이가 좋아졌어. 내 아버지가 음악을 하니까 연회 같은 곳에 자주 불려가셨는데, 그럴 때마다 술 몇 병을 갖고 돌아오셨지. 그러면 이 아저씨는 술이 있다는 걸 알고, 나한테 술을 받으러 찾아오곤 했어.

돌 다른 아이들처럼 그 아저씨가 싫다거나 무섭다고 생각하지는 않으셨나요?

키 돌이켜 생각해보면 내가 봐도 희한할 정도야. 우리 집은 매우 가난했어. 스스로 가난하다고 생각하진 않았지만, 다른 집이랑 비교해보면 그랬지.

왜냐하면 아이들이 여덟에서 열 명, 그 아이들 모두 먹여 살리려니 가난할 수밖에 없지. 소작을 쳐 농사를 지으면 절반은 소작료로 내는 풍습이 남아 있었으니까, 밭에 있는 채소를 밤에 서리해서 식량 삼아 먹은 기억도 있어.

그렇지만 어머님 성격이 매우 밝으셔서 가난하다고 느끼지 못한 거야. 가난할 때라 신발도 없고 팬티도 없으니까 엉덩이를 드러내놓고 다니곤 했어. 생각해보니 나도 꽤나 괴롭힘을 당했지. 학교에서 왕따도 당하고.

아마도 그런 점들이, 그 아저씨와 동질감을 느끼게 해주었던 것 같아.

돌 이 이야기는 처음 알았습니다.

키 나도 지금 이야기하면서 깨달았네. 여태껏 나도 다른 아이들과 같다고만 생각했어. 생각해보니 나 역시 왕따였던 거야.

돌 그런 점이… 통했던 걸지도.

키 왕따라고 자각하진 못했어. 함께 놀 사람이 없으면 개구리나 잠자리, 잉어 같은 물고기를 뒤쫓으며 놀곤 했지. 그러니 친구가 없어도 곤란하지 않았던 거야. 자각이 없었던 거지.

돌 가수로서는 굉장히 유명하신데, 선생님을 좋아하는 한국팬들도 정치가로 활동한 경력은 모르는 경우가 많습니다. 정치가로 꽤 오래 활동했는데 말이죠.

키 민주당 오키나와현 대표로 있었지. 그런데 말이지, 오키나와 사람들이 아직도 날 왕따 취급해.

하토야마 유키오, 오자와 이치로, 간 나오토, 이 세 명을 연결한 게 난데. 그 덕분에 정권 탈환도 가능했던 거고. 그런데도 날 왕따 취급하니…. 그게 여전해. 오키나와고 일본이고 모두 날 무시하지. (웃음)

2006년 4월, 일본 민주당 대표 선거에서 오자와 이치로는 제6대 당대표를 맡는다. 오자와는 경쟁자였던 간 나오토를 당대표 대행으로 지명, 간사장을 맡은 하토야마 유키오와 함께 3자 지도체제(이른바 트로이카 체제)를 구축한다.

같은 당에 속해 있었으나 정치적 입장을 같이하지 않았던 세 사람이 이때부터 협력해 정권 탈환을 노린다.

3년 뒤인, 2009년 8월 30일, 민주당은 중의원 480석 중 308석을 획득하며 최초로 민주당에 의한 정권 교체를 이룬다.

키나 쇼키치의 말대로라면 이 3명을 설득해 협력하도록 도운 것이 자신이라는 뜻이다. 당사자인 3명에게 직접 물어보지 않았으므로 사실 관계는 확인하지 못했다.

하토야마 유키오는 93대 총리(2009. 9. 16~2010. 6. 8)였고, 오자와 이치로는 과거 자민당의 거물로 현재 17선 의원이며, 간 나오토는 94대 총리(2010. 6. 8~2011. 9. 2)를 지냈다.

그러고 보니 나는 왕따였군

interview 06

'그 간격'을
봐버린
인간

죽지않는 돌고래(돌) 미국과 영국이 이라크를 공격하고 이걸 일본 정부가 추인한 일이 계기가 되어 정치가가 되셨다고 알고 있습니다.

키나 쇼키치(키) PKO🎙가 있었잖은가. 거기다 대고 고이즈미 총리가 자위대를 보낸다고 했잖아. 당시의 나로선

🎙 Peace Keeping Operation, 유엔평화유지활동—여기에선 이라크에 대한 PKO부대 파견 문제를 뜻한다.

이러다 전 세계가 전쟁에 끌려가지 않을까 하는 생각이 든 거야.

그의 개인적 기질, 그리고 미군과 함께 어린 시절을 보낸 체험이 두려움과 동시에 작동한 것으로 보인다. 유별난 점은, 그가 정말로 행동에 옮기는 유형이라는 거다.

키 그때까진 정치가를 지지하는 입장이었지만 이대로는 안 되겠다, 정치가에게 맡겨두기만 하면 안 되겠다, 내가 직접 이라크로 가야겠다, 하고 생각한 거지. 그래서 정치에 뛰어들어 당선되고 제멋대로 하다 낙선해서 지금에 이른 거지. (웃음)

돌 정치가가 되겠다고 마음먹었더라도, 그게 그렇게 간단히 될 리가 없잖아요. 사전준비라던가, 그런 것 없이 즉석에서 정한 건가요?

키 그렇지. 이번에 한국에 오기로 결정한 것도 즉석에

'그 간격'을 봐버린 인간

서 곧바로 정한 거야. '한국이 위험하니까 가고 싶다'처럼 말이지. 북한이 전쟁을 일으킨다면 몇백만 명이 죽는다고 하니까.

키나 쇼키치는 평화를 위해 공연하고 싶다고 무작정 한국을 찾았다. 1부 인터뷰가 진행되는 지금은 2017년 말로, 남북관계가 최악으로 치닫고 있는 중이다. 김정은은 트럼프의 대북 경고에 괌을 폭격하겠다고 맞불을 놓았다. 장거리 탄도 미사일 발사 실험을 했으며 뉴스에선 전쟁 가능성에 대해 다루는 중이다. 조선인민군 육군 하전사 오청성이 판문점을 넘어 귀순하려다 다른 조선인민군에게 총상을 당하기도 했다.

당시 누군가 문재인 대통령과 김정은 위원장이 만나 백두산을 함께 오르고 냉면을 먹으며 농담할 거라 말했다면 미친놈이라 했을 게다.

돌 생각하면 곧바로 행동에 옮기시는 편이군요?

키 내가 가서 전쟁을 막는 데 일조해야겠다는 마음이었어. 단순하다면 단순하지만, 만약 신이란 존재가 있다면 그런 걸 시키지 않을까?

돌 10년이나 정치를 했으면 다양한 일을 겪으셨으리라 생각하는데, 정치가가 되기 전에 생각한 것과, 되고 난 이후가 어떻게 달랐습니까?

키 옛날엔 정치가 나쁘긴 한데 큰일이라 생각했어. 한데 막상 정치가가 되니 잘 알지도 못하는 걸 알아야만 했지. 예산, 결산, 복지 같은.

오직 의지만으로 정치가가 된 경우라서 할 법한 고민이다. 만화에나 등장할 만한 인물이 아닌가, 하는 생각이 든다.

키 잘 모르는 걸 알아야 했기에 큰일이었지. 4년간 국회의원을 하니까 그만두고 싶어졌어. 그때 아들놈이 학

'그 간격'을 봐버린 인간

교를 다니지 않았는데, 나도 국회에 나가기 싫은 거야. 처음으로 부자의 의견이 일치한 거지.

그래도 이왕 시작한 거 '한번, 해보자!'고 해서 6년을 더 참았어. 그랬더니 정치를 좀 알겠더라고.

돌 정치가가 되면 사람들이 환호하고 지지할 때 그 맛에 취해 변하는 모습을 많이 봤습니다. 자신은 모르지만 마주하는 사람은 알죠. 저와 선생님처럼 이렇게 마주하고 있으면. 저로선 만국 공통, 그러니까 인간의 속성이라 생각합니다. 자그마한 권력이라도 그것이 주는 맛 앞에선 누구도 자유로울 수 없다고 생각하구요.

키 나는 권력보다, 세상을 바꾸고 싶었어. 난 다른 사람에게 물어보지 않고 내 생각을 가지고 일했어.

내가 정치가가 되기 전엔 동료들이 날 선생님이라고 부르지 않았어. 선…까지 하다 혀를 깨물곤 했단 말이지. 그런데 막상 국회의원이 되고 나니까 말이야, 선생님이라 불러야 하니까, 그렇지 않으면 여태 해왔던 대로 불러도 됩니까, 하고 물어오는 거야. 마음대로 하라고 하다가 나중엔 귀찮으니 '그냥 선생으로 통일해'라고 했지. 그런 일이 많았어.

일본에서 선생님이란 먼저 태어난 선배라는 뜻이 있어. 그래서 후배들에겐 '먼저 살고 있는 사람'이란 의미에서 선생, 아무래도 좋은 사람에겐 '일단은 살고 있다'는 의미에서 선생. 그러니까 '선생'이란 말은 매우 편리하니까 오케이지.

돌 한국에서도 선생은 같은 의미로 통합니다. 아무튼 '정치가'라는 신분에 별달리 영향을 받진 않았다는 말씀인 거죠?

키 응. 내가 원래 다른 사람 영향을 잘 안 받아.

이 대목에서 나도 모르게 상쾌한 기분이 들었다. 사람을 감는 매력이 있다. 그러니까 스타가 된 거겠지만.

'그 간격'을 봐버린 인간

돌 수입 측면에서 볼 땐 뮤지션으로서의 벌이가 훨씬 크니까, 정치가가 되는 게 오히려 손해였을 수 있겠네요.

키 그러니까 난 한 번 음악계를 걷어차버린 거지. 음악계에선 내가 상품이 되는 것 같아 싫었으니까. 내가 상품을 만드는 건 좋지만 내가 상품이 되는 건 "노"야. 그런 이유로 음악계를 걷어차고 여행을 떠난 거지.

거지라고까진 할 수 없지만 홈리스가 됐어. 그러곤 무언가 바뀌길 기다리자고 해서 10년 넘게 계속 그 상태로 지낸 거야.

타협하지 않으려고 했어. 그럴 바엔 그만두는 편이 낫다고 생각한 거지.

돌 후회되는 일은 없습니까?

키 난 말이지, 한 번도 성공한 적이 없어. 이상이 컸거든. 이상이 크니까 뭘 해도 성공 못 했다고 느낀 거야. 말하자면 성공은 못 하지만 포기도 하지 않았지. 참 묘해.

1부 한국에서 키나 쇼키치를 만나다

돌　지금의 키나 쇼키치가 정치가였을 때의 키나 쇼키치
를 평가한다면 어떻게 볼 수 있을까요?

　　　키　좀 이상하게 들리겠지만, 뮤지션 신분으로 인터뷰를
　　　자주 받잖아. 그때까진 나이를 몰랐어. 일에 몰두했으니
　　　까. 나이를 생각할 겨를이 없었던 거지. 지금도 몇 살입
　　　니까, 하고 물으면, '내가 몇 살이더라?' 하다가, '아 그랬
　　　지!' 하곤 해. 열중하니까, 다른 건 잘 생각나지 않는 거
　　　야. 그러니까 내 점수 같은 것도 뭐 그렇지.

돌　뒤돌아보는 성격이 아니시군요.

　　　키　옛날 일은 철저히 '들여다볼 뿐'. 나는 앞으로 가야
　　　지. 그러다 보니 이런 성격이 됐지.

돌: 가수보다는 정치를 하는 편이 '세상에 평화가 왔으
면' 하는 선생님의 꿈을 이루는 데 더 쉽지 않을까요?

51

키　내가 젊을 때 음악을 했잖아, 그러니 돈도 많이 벌었어.

돌　크게 히트쳤으니까요.

키　연인도 엄청 많았어.

딱히 몰라도 될 것 같지만, 말했으니 적는다. 연인, 많았다.

키　매일 멋을 내고 다녔지. 그러다 잡혀서 형무소에 갔
잖아. (웃음) 거기서는 사치를 부릴 수 없으니까, 완전히
다른 세상이었지. 그 간격을 봐버린 인간은 좀… 달라지
는 것 같아.

그 간격을 봐버린 인간.

키　그리고 뭐, 머리를 길게 늘어뜨리고 여행을 다녔지.

돌　뭔가 특별한 경험이 있었나요?

키 엄청 많지. 특별하다고 하긴 그렇지만, 개인적으로 기억에 많이 남는 건 인도에 갔을 때야. 각성한 사람이랄까, 승려 같은 사람을 만났던.

1980년의 일이다. 키나 쇼키치는 인도에 있었다.

돌 오쇼 라즈니쉬의 제자라고 되어 있던데, 그거 진짜인가요?

키 응. 정말이야.

오쇼 라즈니쉬. 인도의 구루, 철학자. 자발푸르 대학에서 9년간 철학교수로 재직하다 이후 영적 지도자로 활동한 인물. 기성 종교에 반대하고 성性에 대한 개방적 태도를 보여 인도 내에서 많은 비판을 받았으나 제자 대부분이 서양인일 정도로 외부에서는 많은 지지를 받았다.

종교를 가리지 않고 여러 경전에 대해 강의했으며 현대인에겐 동적인 명상이 효과적이라고 주장했다. 춤과 감정

'그 간격'을 봐버린 인간

의 발산을 특징으로 한 명상법, 일명 '다이내믹 명상'이 유명하다. 한국에선 1990년대 초반 그의 설화집 《배꼽》이 100만 부 넘게 팔리는 베스트셀러가 됐다. 한국은 라즈니쉬의 책이 가장 많이 번역된 곳 중 하나이기도 하다.

> **키** 정말이야. 처음엔 사이바바🎤를 만나러 갔어. 그러다 오쇼 라즈니쉬를 만났어. 만족하고 돌아가려던 참이었지. 그때 옆에 있던 아름다운 아가씨가 좀 더 있다 가라고 하더라고. 그래서 거기 남는 김에 제자가 됐지.

돌 으응? 그럼 오쇼 라즈니쉬가 아니라 그 아름다운 분 때문에 제자가 된 거잖아요?

> **키** 그럴지도….

그런 것 같다.

🎤 사티야 사이바바(Sathya Sai Baba), 인도의 영능력자.

돌 직접 여러 가르침을 받으셨나요?

> **키** 함께 명상했어. 그런데 점점 안 만나게 됐어. 신자가 많잖아. 아무래도 카리스마가 있으니 신자가 점점 모여들어. 그게 싫어서 뛰쳐나가 버렸지.

돌 뛰쳐나가는 게 특기군요.

> 그건 모르겠지만 어쨌든 나가버렸어. 한데 이 사람이 미국의 탄압을 받았어. 그러자 신자들이 모두 도망가 버렸지. 그런 상황이 되고 나니 나도 마치 도망간 것처럼 보이는 거야. 이건 아니다 싶어 오쇼를 구명해야겠다고 생각했지. 그래서 미국으로 구하러 가기도 했지. 그런 인연이야.

오쇼 라즈니쉬는 누군가에겐 예수고 누군가에겐 문제적 인물이다. 그는 미국 오리건주에 코뮌(공동체)을 설립하려 했다. 롤스로이스를 99대 소유했을 정도로 굉장한 재력,

'그 간격'을 봐버린 인간

그리고 그에 버금가는 재력을 가진 제자가 많았기에 합법적으로 소도시 하나를 접수할 수 있었다. 이 과정은 아직까지 무수한 논란을 안고 있다.

오쇼를 이야기하는 자리는 아니니, 궁금한 사람은 다큐 〈오쇼 라즈니쉬의 문제적 유토피아〉를 참고하시길.

키 그러다가… 또 뭐랄까, 평화운동을 하는 사람들을 많이 만났어. 바다를 지키는 사람들. 뭐, 그런 사람들도 있었고. 그런 사람들과 만나면서 내가 완전히 바뀌었어. 지금까지의 삶이 사치란 기분이 들었지. 이건 아니구나.

어린 시절 개구리나 잠자리와 놀던 때로 돌아가자는 감각을 담아 음악에 다시금 눈을 떠서 만들기 시작했지. 정치가를 지지해서 평화를 지키자는 것도 좋지만, 정치가는 선거 전까진 평화를 입에 담지만 당선되고 난 후엔 아무도 신경 쓰질 않잖아. 그 점이 화가 나서, 그렇다면 내가 직접 해야겠다고 생각하고 마음대로 했더니, 눈 밖에 나서 쫓겨났지.

돌 해서, 결국 음악으로 평화운동을 하는 편이 낫다?

> **키** 지금은 그렇게 생각해. 내가 여전히 정치를 하고 있었다면 오늘 이 자리에 없었겠지. 어떤 의미로 난 정치가로서 실적은 확실히 남겼어. 내일이라도 당장 민주당 부대표를 만날 수도 있고, 김대중 대통령을 만나 이야기도 나눴으니까. 그리고 북한이 미국과 싸우지 않고, 한국과 통일할 순 없을까 하고 생각해볼 수 있게 되었으니까.

돌 좀 전에 선생님께서 말씀하신 게 궁금합니다. 처음부터 평화운동을 했던 건 아니라고 하셨잖아요? 여러 평화운동가를 만나 그런 생각이 들었다고⋯.

> **키** 형무소에 있으면 외롭단 말이지. 외로우니까⋯. 난 말이지, 사실은 책을 읽지 않았어. 형무소에 들어가서 처음 나 자신의 역사인 오키나와 역사책을 읽어본 거야.

돌 음악이 막 히트할 그 당시 말인가요?

'그 간격'을 봐버린 인간

키 그렇지. 생전 처음 형무소에 들어가 책을 읽고는 감동해서 울었어. 오키나와 역사를 읽고 나서. 그러고 나서 불교나 기독교 같은 종교 서적도 읽고, 철학 서적도 읽었지. 독서를 하고 나니 내 자신이 넓어지는 거야. 그러자 마음이 평화로운 쪽으로 가는 느낌이랄까, 평화를 지키자는 쪽으로 움직이고 싶어졌어.

차별받는 자가
차별을
해결할 수 있다

죽지않는 돌고래(돌) 그때 좀 더 오키나와 역사에 대해 흥

미가 생겼나요?

키나 쇼키치(키) 형무소엔 뭐 화장실도 같이 붙어 있고

하니까, 작은 사전을 들고, 말하자면 말을 역으로 쫓아갔

지. 사전 속으로 여행한 거야. 밤중에 책을 들고 화장실

에 가는 척하면서 말이지. 그렇게 열심히 읽었어.

돌 원래는 그렇게 읽으면 안 되나요?

키 9시 이후엔 안 돼. 그런데 화장실은 9시 이후라도 갈 수 있었으니까.

돌 1년 반 동안 독서에 흠뻑 빠진 거군요.

키 그렇지. 마르크스라던가, 구약성서, 신약성서, 니체 등등…. 많이 읽었지. 보통 친구가 책을 보내줬는데 처음 보내준 건 우익 관련 책이었어. 그 책에 마르크스가 나오기에 그 사람 책을 부탁해서 읽고는 나랑 생각이 똑같구먼, 이랬지. 단순했어.

돌 그럼 한국에 대한 관심은 언제부터 생긴 건가요? 형무소 안은 아닌 거 같고….

키 내가 데뷔했을 때 처음으로 날 찾아온 사람들은 모두 재일교포(자이니치)들이었어. 하쿠류🎤 같은 분들이지.

🎤 재일교포 영화배우.

재일교포분들이 제일 먼저, 뭐랄까, 공감을 하셨나 봐. 난 처음엔 몰랐지.

일본에서 이분들이 차별을 받았잖아? 난 그런 사실을 그땐 몰랐어. 도쿄로 가서 오키나와 옷을 입고 오키나와 노래를 부르니 오키나와 사람들 절반은 "오케이", 나머지 절반은 "노", "이런 건 오키나와 밖에서 부르지 말아달라", 그런 세상이었어. 오키나와 사람들이 오키나와 출신이란 걸 숨기던 시절이었거든.

그런데 내가 당당하게 오키나와 노래를 부르니까 재일교포분들이 자신감을 많이 얻으셨던 거 같아. 오키나와 출신인데도 저렇게 당당하구나, 하고.

돌 통했네요.

키 여러 가지로 내게도 동기 부여가 많이 됐지. 남쪽(남한 사람)과 북쪽(북한 사람)의 연대 같았거든. 한국과는 달리 일본엔 38도선이란 게 없었으니까. 하지만 언론에겐 배척당했지. 말썽만 일으킬 거 같다고.

차별받는 자가 차별을 해결할 수 있다

돌 그때 한국인 친구가 생겨 점점 더 한국에 흥미를 가지게 된 거로군요?

키 그렇지.

돌 그러고 보니 대전 엑스포에도 초대받으셨고.

1993년 대전 엑스포 당시 키나 쇼키치는 축하공연 차 방한했다. 그의 어머니도 함께였다.

키 그런 일들을 보면 누군가 날 안내해주는 사람이 있었던 것 같아. 와다 하루키 씨, 그리고 가톨릭교회 여러분, 김대중 전 대통령… 누군가는 계속 날 보고 있었던 거지. 그땐 아직 젊었으니까. 내가 요란 떠는 걸 보고 있었던 거야.

와다 하루키. 도쿄대 명예교수로 대표적인 일본의 양심 지식인이다. 국제 시민운동가인 그는 박정희 정권에 의해 김대중이 납치되었을 때, 일본 정부에 항의하며 전력을 다해 구명운동을 펼쳤다.

돌 '저 사람 대체 누구지?' 하고 봤겠지요. (웃음)

키 뭐든지 말하고 싶었던 건 다 했으니까.

돌 활동하면 할수록 안티도 많이 생기지 않습니까?

키 나에 대한 평가가 확실해졌지.

호불호가 더욱 확실해졌다는 얘기.

돌 일본인 지인 몇 명에게 물어봤습니다. 키나 쇼키치라고 하면 직관적으로 어떤 이미지인가, 하고. 그중 한명은 도쿄에 사는 지인인데, 대답이 인상 깊었습니다. "오키나와의 혼"이라더군요. "오키나와인이든 일본인이든, 싫어하든 좋아하든 그는 오키나와의 대표"라고. 이런

차별받는 자가 차별을 해결할 수 있다

입장이 되면 책임감을 많이 느낄 것 같은데요.

키 부담까진 아니어도 무겁게 느껴지긴 했지. 내가 무얼 하든 평가가 따를 것 아닌가. 난 약자를 바라보려고 했어. 재일교포도 그렇고, 아이누분들도 그렇고, 전부 그쪽을 보려고 했어.

전 세계의 원주민들, 그 문제의 뚜껑을 연다면 세상이 평화로워질 거라 생각했지. 현재 미국도 여러 가지 문제를 안고 있지만 해결의 열쇠를 쥐고 있는 건, 흑인이나 백인도 있지만, 그곳에서 계속 살고 있던 원주민들이다, 라는 게 나의 테마야.

한국에서의 테마도, 공산주의나 자본주의가 아니라, 조선민족. 아, 조선이라고 하면 한국분들 귀에 거슬릴 수도 있겠지만, 조선 민족의 역사가 해결책을 가지고 있다고 생각해.

어제 오랫동안 한국분과 이야기를 나눴는데, 조선이란 말에 저항감이 있다고 하시더라고. 그런데 오키나와에서는, 한국과의 관계를 따져보면, 조선과의 교류 역사가 있었고 그 후에 태어난 대한민국이나 북조선(북한)이란 말은, 오키나와인의 시각에선 나쁜 말이 아닌 거야.

오키나와가 류큐왕국이었던 시절의 이야기다. 조선과 류큐왕국은 밀접한 교류를 하는 신뢰 깊은 외교관계였다. 《조선왕조실록》엔 유구국琉球國이 총 355번 기록되어 있다.

키 어째서 한국인들이 '쵸센(조선)'이란 말을 싫어하나 곰곰이 생각해보니, 일본에 의한 식민지 상황이 우선이고, 자본주의−공산주의의 대립 속에서 북한이 먼저 조선이란 단어를 썼기 때문에 싫어진 게 아닌가 해.
언젠가 이 문제도 풀지 않으면 안 되겠지.

돌 풀 수 있다면 좋겠지만. 으음.

키 그러니까 내가 말해야지. 내가 말하면 괜찮지 않겠나? 한국인들이 꺼내면 싸움이 일어나 버리니까. 일본과 한국의 관계는 나빴지만, 오키나와와 한국과의 역사는

차별받는 자가 차별을 해결할 수 있다

서로 나쁜 일이 없었으니까. 표류한 조선인을 오키나와인이 구해서 돌려보내주거나, 오키나와가 조선의 도움을 받거나, 우린 서로 나쁜 이미지는 전혀 없어.

《조선왕조실록》에 따르면 조선과 류큐왕국은 표류인이 생기면 항상 성심성의껏 서로 송환해주었다. 일본 표류인들은 해적질로 말썽을 일으킨 탓에 외교적 보복 차원에서 박정하게, 사이가 좋았던 류큐왕국의 표류인들은 후대한 것이다. 임진왜란 당시 류큐왕국이 조선 침략의 발판이 되길 거부했던 이유는 두 나라의 오랜 신뢰관계 덕분이었다.

일본인의
유전자에 새겨진
무의식
그리고 아베

죽지않는 돌고래(돌) 키나 쇼키치란 사람에게 지금 오키

나와는 어떤 느낌입니까?

키나 쇼키치(키) 일본식 화장을 하고 있어. 그것도 아주

진해. 다시금 본래 얼굴로 되돌리고 싶어.

돌 그렇다면 일본이란 나라는요?

키 일본은 말이지, 문제가 엄청 많아. 난 처음엔 철저하게 오키나와의 독립을 주장했어. 독립운동을 하려고 했는데, 아이누족을 보니, 오키나와만 독립한다고 될 일이 아닌 거야.

그래서 독립은 잠시 제쳐두고, 일본을 변화시켜가는 쪽으로 방향을 바꿨지. 아이누분들을 초대해 행사도 하고. 3000년간 분단된 역사를 바꾸려고. 일본인이란 말이지, 우리 조몬인들이 본다면 도래민족이야.

조몬인은 조몬 시대의 혈통을 가리킨다. 일본어로 발음하면 죠우몬縄文. '줄 승'에 '글월 문' 자로 당시 새끼줄 문양의 토기가 많이 출토된 데서 붙여진 이름으로, 일본의 신석기 시대에 해당한다. 조몬인은 남방아시아계 인종으로 큰 눈과 코, 많은 털, 상대적으로 왜소한 체격이 특징이다. 키나 쇼키치가 언급한 도래민족인 야요이인은 북방아시아계로 현대 한국인과 생김새가 비슷하다. 털이 적고 눈이 얇고 가늘다.

키나 쇼키치의 말은 일본으로 건너온 야요이인 집단이 토착민인 조몬인을 몰아내고 일본을 장악했다고 보는 학설을 기초로 한 주장이다.

> **키** 좀 더 말해도 될까? 도래인들은 당신들이 쫓아낸 민족이란 말이지. 그러니까 일본 민족은 쫓겨난 원한이 마음 한구석에 있으니 조선 민족에게 역차별 같은 게 있는 거지. 과거, 한국인들이 차별받았다는 감정에는 자신들이 쫓아낸 민족에게 차별받는다는 게, 자존심이 용납되지 않은 부분이 있을지도 몰라. 이건 한일 간에 풀지 않으면 안 될 문제야.

도래인, 즉 일본을 건국한 야요이인은 물을 건너온 사람이란 뜻으로, 주로 4세기에서 7세기, 한반도나 중국에서 일본으로 이주한 사람을 가리킨다. 일본인의 조상은 누구인가에 대해선 여러 학설이 있다.

《총, 균, 쇠》의 저자 재레드 다이아몬드는 〈일본인은 어디에서 왔는가〉라는 논문에서 DNA 조사와 언어학적 분석을 근거로 한반도에서 건너온 이주민의 후손이 오늘날 일본의 조상이라는 주장을 지지했다. 조몬 시대 이후, 일본의 야요이 시대를 연 이들이 한반도에서 이주한 세력이라는 뜻이다.

돌 선생님 입장에선 유전자에 새겨진 무의식에 그런 게 있단 말이군요.

키 있다니까. 그러니까 난 서로 싸우지 않도록 풀어보고 싶어. 사실 내가 이번에 온 건, 아시아가 이대로는 안 된다고 생각해서야. 상류층 백인들이 세상을 이끌어가고 있잖아. UN도 그렇고, IMF, 국제사법재판소도 그렇고, NAFTA(북미자유무역협정), TPP(환태평양경제동반자협정) 등등. 세계적인 조직을 모두 백인계가 이끌고 있지.

같이 해도 되잖아. 완전히 새로운 실권이나 기득권이 없는 세계적 협력체를 만들어야지. 그런데 지금 어중간하게 트럼프가 국제사회와 다투고 있잖아. 그러니 나는 한국과 일본이 이제는 손을 잡고 새로운 걸 만들 때가 됐다고 봐.

북한 문제를 기회로 삼을 것인지, 지옥 같은 위험으로

볼지, 중요한 시점이지. 그러니 긍정적으로 헤쳐나갈 작업을 해야 한다고 보는 거지.

돌 일본 이야기를 좀 더 하자면, 저 역시 한일 양국의 정치가 오손도손 해나갔으면 좋겠는데, 아베 총리가 점점 우익 쪽으로 가고 있지 않습니까?

키 오른쪽으로 간다고 걱정할 건 없어. 그다음은 되돌아와. 차라리 어설프게 리버럴인 것보다는 확실히 오른쪽으로 가는 편이 좋아. 반드시 크게 돌아오니까. 그러니 너무 당황해할 필요는 없다고 봐.

마치 한국의 정치 이야기처럼 들린다. 김대중, 노무현의 다음은 이명박, 박근혜, 그리고 다시 문재인인 것처럼.

돌 아베를 어떻게 보시나요?

키 아베의 원래 출신은 조슈(현재의 야마구치현)야. 메이지유신은 조슈번의 쿠데타였지. 그중 제일 불행했던 게 사이고 다카모리였지. 야스쿠니 신사 문제도 있잖아. 이 문제는 사실 A급 전범, B급 전범 같은 문제가 아니야.

야스쿠니 신사는 나라를 위해 목숨 바친 진혼들을 모셨다고 하잖아? 그런데 그중에서도 반란군이라든지 해서 차별하고 있잖아.

사이고 다카모리는 사쓰마번 출신의 무사로 에도막부를 타도하고 메이지유신을 이끈 유신삼걸 중 한 명이다. 메이지유신 이후 개혁 조처로 사무라이의 특권이 사라져 이들의 불만이 극에 달하자 사이고 다카모리는 조선에 사신으로 가 시비를 걸어 죽음을 자초할 테니 그것으로 조선을 칠 명분을 만들자고 했던 정한론자이기도 하다. 국내 정치의 혼란을 전쟁으로 해소하려 한 것이다. 이 안이 받아들여지지 않자 그는 공직에서 물러나 귀향한다.

이후 가고시마에서 학교를 설립해 사무라이 자제들의 교육에 전념했는데 이 세력이 점점 커져 메이지유신 이후의 새로운 정부는 위기감을 느낀다. 결국 정부에서 '가고시마현이 보유하고 있는 병기와 탄약을 오사카로 운반하라'는 명령이 내려왔는데, 이에 반발한 사이고의 학생들이 가고시마의 군수공장과 해군기지를 공격하고, 이후에 사이고 다카모리를 옹립해 군사를 일으키게 된다.

사이고가 군사를 이끌고 동경으로 향하던 중, 구마모토에서 정부군과 대립하며 전쟁이 시작되었고 규슈 전역에 걸쳐 공방전이 시작된다. 패전을 거듭한 사이고 다카모리는 1877년, 49세에 자결한다.

키 사이고 다카모리는 (야스쿠니 신사에) 안 들어가 있잖아. 이런 야스쿠니는 엉터리란 거야. 싫든 좋든 일관된 규칙으로 전부 들어가 있다면 할 말도 있을 테고 한국이나 중국에서도 이의를 제기하지 않겠지만, 이렇게 엉터리로 하고 있으니 문제지. 그러니 말하자면 아베는 '엉터리 메이지유신'을 소화하기 위해 태어난 거라고 봐.

일본인의 유전자에 새겨진 무의식 그리고 아베

북한이
적이 아니라
분단된
현실이 적이야

죽지않는 돌고래(돌) 북한에서도 공연하신 적이 있지 않습니까? 북한에서 뭔가 생각한 것과 다르구나 하고 느끼신 게 있었나요?

키나 쇼키치(키) 난 그런 감각은 없어. 판문점에 갔을 때, 이렇게 (손으로 가리키며) 테이블이 있어. 오키나와 사람들이 북한 대표를 만나는데, 그들은 자기네 스케줄대로만 움직이는 거야. 그래서 나와 충돌이 있었지. 나는 북한 사람들을 기쁘게 하기 위해 찾아 왔으니, 하고 싶은 대로

하게 해달라고 했지. 그러자 곤란하다고 하더군.

돌   보통 아무도 그런 요구는 하지 않을 거라 생각합니다만….

키   나는 계속 그쪽이 정한 스케줄을 거절하고 내가 하고 싶은 대로 할 수 있도록 해달라고 계속 요구했더니 결국 알겠다고 승낙하더군. 그 후 연주를 했더니 모두 즐거워해. 비디오도 남아 있어.

오키나와 방문단이 통일각에 가니 테이블을 보고 절반은 남측으로 가서 앉고 나머지는 북측으로 가서 앉아 언젠가 남북이 하나가 되길 약속하자고 손을 맞잡으며 퍼포먼스를 보였지. 그러자 저쪽에 서 있던 군인이, 아마도 공안이었을 거야, 노려보는 게 아니겠어.

돌   당연히. (웃음)

키   그러고는 돌아가기 전에 파티를 열었어. 함께 식사하며 교류한 거지. 그러자 좀 전에 노려보던 그분이 와서, "우리나라에 와서 교류하자고 한 사람들은 있었어도, 남북이 하나가 되길 약속하자고 외친 사람은 처음 보았다"고 하는 거야.

돌 게다가 외국인인데. 보통은 어떤 이득을 노리겠죠.

키 그러더니 그분이 눈물을 뚝뚝 흘리며 우는 거야. 그때 알았지. 이 사람의 눈물은, 내가 남한의 대전에서 노래를 불렀을 때 느낀 그 감정과 똑같은 거야. 38도선만 없다면, 남한이나 북한 모두 똑같은 사람이잖아. 그러니 뿌리는 같은 거지. 진짜 적은 남한도 아니고 북한도 아니야. 분단됐다는 이 현실이 적이야. 이 현실이 눈물짓게 하고 있을 뿐이잖아. 퇴치해야 하는 건 38도선이지. 이걸 없애기 위해 고민해야 돼.

그런 경험은 많아. 이라크에 갔을 때도 그랬고.

2003년 3월 17일, 당시 부시 행정부는 '이라크의 대량살

1부 한국에서 키나 쇼키치를 만나다

상무기를 제거해 자국민 보호와 세계평화에 이바지한다'는 명분으로 동맹국인 영국, 오스트레일리아와 함께 사담 후세인에게 48시간의 최후통첩을 보낸다. 그 후 바그다드에 미사일 폭격을 감행, 전쟁을 시작한다.

미군은 압도적인 군사력을 가지고 있었고 이라크군은 경제난으로 완전히 무너져 있던 상황, 사실상 전쟁은 한 달도 되지 않아 미국의 승리로 끝난다. 이후, 대량살상무기는 발견되지 않았고 민간인을 향한 무차별 폭력과 살인은 물론, 현지 문화를 고려하지 않은 점령지 관리로 문제가 불거진다. 전후 처리가 엉망이었던지라 이라크는 종파 간의 갈등, 반란, 내전이 이어졌고 지옥이라 부를 만한 상황은 현재 진행형이다.

이라크 전쟁이 '미국의 세계평화 이바지'라는 명분이라고 믿는 사람은 아무도 없을 것이다. 석유 공급에 불안을 느낀 부시의 잘못된 판단이 가장 큰 원인으로 미국 역시 8000억 달러(약 936조)의 천문학적 비용과 수많은 젊은이를 전쟁터에서 희생시키는 결과를 낳았을 뿐이다. 오바마는 일리노이주 상원의원으로서 이라크 전쟁 개전에 반대

북한이 적이 아니라 분단된 현실이 적이야

한 것이 후에 민주당원들의 표를 얻는 데 큰 도움이 되었을 정도다. (힐러리는 개전에 찬성표를 던졌고 이 선택이 그녀를 줄곧 괴롭혔다.)

당시, 키나 쇼키치는 개전 한 달 전에 전쟁을 반대하며 이라크에 들어갔다. 언제 공습이 일어날지 모르는 상황이었다.

> **키** 처음엔 아무것도 몰랐으니 무섭지도 않았어. 이라크에 도착해서야 무섭다는 생각이 들었지. 어디에 숨어 있어야 하나 하고 말이지. 그때도 난 이 세상은 부시나 블레어 같은 정치가들만의 것이 아니라고 생각했어.
>
> 손을 잡는다면 얼마나 세상이 더 좋아질 것인가 모두에게 말하고 다녔지. 그랬더니 3명밖에 없던 요원이 20명으로 늘어나 24시간 날 감시하는 거야. 그러고는 콘서트 할 장소 등도 모두 바꾸었어. 내가 폭주하지 못하도록.

돌 위험인물이니까요. 언제 폭격이 시작될지 모르는 곳에 들어와 전쟁 반대를 외치며 평화 공연을 하겠다는 사

람은… 누구라도 이상하게 봤을 겁니다. (웃음)

키 정말 여러 일을 겪었지. 많은 눈물을 봤어. 이라크처럼 마음이 사막화되어버린 사람들의 눈물은 말야, 눈물이 마음까지 닿지를 않아. 사막에서 비가 내려도 금방 증발해버리는 것처럼.

나는 눈물을 받아들일 수 있는 세상을 만들고 싶어. 남한이나 북한에서도 방금 말한 것처럼 마음을 열 수 있으면 좋겠어.

북한이 적이 아니라 분단된 현실이 적이야

평화운동보다는 아이들의 마음을 꺾기 싫을 뿐이야

죽지않는 돌고래(돌) 생각을 바꾼 터닝포인트 같은 게 있었을 거라 생각했습니다만, 말씀을 듣다 보니, 세계를 돌아다니며 여러 광경을 보고, 직접 겪고, 그러면서 자연스럽게 평화운동을 하게 된 거군요. 한 사건으로 바뀐 게 아니라. 서서히 바뀌었다는 표현을 써도 될까요?

키나 쇼키치(키) 평화운동이란 건 누구에게 따로 배운 게 아니야. 좀 더 좋은 표현을 찾자면⋯. 내가 형무소에서 복역하고 복귀했을 때, 다른 사람들과는 생각하는 속도가 좀 달랐어. 보통은 복귀하면 들뜨기 마련인데, 난 오히려 착 가라앉아 있었지.

데뷔하고 나선 점점 더 풀이 죽는 거야. 이상하다 생각했지. 그러다 어떤 걸 재발견했어. 노란 꽃이 피어 바람에 흔들리고 있는 순간이 있었는데… 이상하게 나 자신에 대해 알게 된 거야. 어린 시절로 돌아가는 듯한. 그런 경험이 매우 강렬하게 남았지.

또 하나는 요나구니(일본령 최서단에 있는 섬)에서 히로시마, 나가사키까지 평화운동으로 배를 타고 넘어갈 때, 태풍이 온 뒤의 영향 탓인지 배가 심하게 흔들렸어. 뱃멀미로 뻗어버렸지. 그러다 정신을 차리고 눈을 떠보니, 바람 한 점 없이 바다가 잔잔한 거야. 그리고 눈앞에서 노란 나비가 날아다니는 걸 봤어. 지금껏 본 적이 없는 나비였지. 노란 꽃을 봤을 때처럼 마음이 충만해지더라고. 어린 시절로 돌아가고 싶은 거구나 하고, 알았지.

나는 보통사람인지라 그가 말하는 경험이 어떤 것인지 정확히 알 수 없다. 수행승이나 수도사들이 오래도록 한 생

평화운동보다는 아이들의 마음을 꺾기 싫을 뿐이야

각에 잠기는 일을 반복하면, 스펀지에 물이 완전히 차올라 한 방울이 밖으로 뚝 하고 떨어지는 것과 같은 순간이 온다 한다. 보통 그 순간의 황홀감을 소중히 여기지만, 그 순간이란 일생을 겹겹이 쌓아올린 혹은 온몸을 마침내 한 생각으로 모조리 적셔, 그토록 찾던 무언가가 드디어 밖으로 분출되는 때가 아닌가 하고 추측할 뿐이다.

키 그러니까 난 반체제 인물은 아니야. 아이들의 마음을 꺾고 싶지 않을 뿐이지. 그런데 세상에선 아이들에게 거짓말하지 말라고 가르치면서도 어른이 되면 좋은 게 좋다는 식으로 원만히 지내라고만 하잖아.

그게 싫은 거야.

중요한 건,
일단 한다,는 거지

죽지않는 돌고래(돌) 평화운동의 일환으로 DMZ에서 공

연하는 게 일생의 목표라고 알고 있습니다. 그 이유가 뭔

가요?

키나 쇼키치(키) 지금 UN은 몇몇 나라의 기득권을 위해

운영되고 있어. 핵폐기 문제도 그렇고 말이야. 결국 일부

국가의 기득권을 위해 움직이고 있는 거야. 그런데 핵금

지조약은 기득권에 맞서기 위해 UN이 용기를 낸 거야.

인류에게 있어 기회인 거지. 이런 상황에서 북핵 문제가

83

터져 나온 거야. 그러니 아무리 미국, 일본이 대화하자고 한들, 북한 입장에서는 한쪽이 이미 총들 들고 앉아 있는 불평등한 테이블일 뿐이야. 시리아나 리비아, 이라크가 생각날 수밖에 없는 상황인 거지.

　김정은 개인의 입장에선 핵을 포기하게 되면 몇 년 안에 자신이 실각하거나 죽을 거라는 예상된 미래를, 다른 나라의 역사를 보며 불안해할 수밖에 없다는 뜻이다.

　키　그러니까 북한이 납득할 만한 협상 테이블을 한국이 만들면 되는 거야. 핵문제는 어느 특정 국가의 문제가 아니야. 인류 전체의 문제지. 그러니 전 세계가 참여하는 테이블을 만들면 되는 것 아니겠어?

　그런 테이블에서 대화와 공존을 모색하면 돼. 북한에서도 말했잖아. 핵금지조약에 대해 어떻게 생각하느냐란 질문에 잘된 일이라고 말이야. 조약에 참여하겠느냐는 질문에 미국이 들어가지 않는데 어떻게 우리만 들겠느냐고도 했지. 이런 걸 보면 억측이라고 할진 몰라도 북한에도 이성이 살아 있다고 판단할 수 있는 거야. 그런 이성 위에서 협상은 가능한 거야.

그런데 정치가들은 이런 말을 하지 못해. 그러니 우리가 하는 거지. 우린 아티스트니까 뭐든지 말할 수 있잖아. 우리의 말을 듣고 그 말이 옳다고 여기는 사람들이 늘어날 수 있겠지. 그걸 위해 난 평화운동을 하는 거야.

DMZ 공연도 말이지, 남쪽에서 한다면 너무 남쪽으로 기운 게 아닌가 하는 불만이 북쪽에서 나올 수도 있으니까, 한중간에서 할 수밖에 없어.

돌 상징적인 의미는 있겠지만, 어렵지 않습니까?

키 어려우니까 더 좋은 거야. 어려우니까 더 많은 일을 해야지. UN에도 부탁을 해보고 남북 양측 다 조율하고 말이야.

돌 정치적인 문제도 있을 테니까요.

중요한 건, 일단 한다,는 거지

키 중요한 건 할 수 있느냐 없느냐를 따지는 게 아니라, 일단 한다,는 거야. 그런 점이 모두를 움직이는 거야. UN 개혁까지도 이어질 수 있어.

키나 쇼키치는 UN이 기득권의 논리에 따르고 있다는 입장이다. 실제로 매우 많은 사례에서 그렇지만.

키 새로운 UN을 만들려는 사람들이 나타날 수도 있지. 그러니 지금은 남북의 분단 한가운데, 그러니까 DMZ에 전 세계인의 시선을 잡아끄는 작업이 필요한 거야.

세상엔 70억이나 되는 사람이 있으니 이젠 좁아. 이렇게 좁은 지구에 어째서 70억이나 있을까 하니, 먹이사슬 최정점에 서 있는 인간이 국경선 안에 틀어박혀 있으니 그런 거야. 국경을 없애고 자유로이 왕래한다면, 인구 문제니, 환경 문제니 하는 것뿐만 아니라 전쟁까지도 모두 사라질 거야.

그러니 만약 일본이 이걸 반대한다면, 오키나와만이라도 핵반대를 위해 핵금지조약에 들어야 한다고, 헌법

9조를 지켜야 한다고 주장하는 거지. 만약 일본이 헌법 9조를 파기한다면, 핵금지조약에 들지 않는다면, 나는 오키나와는 독립을 해서라도 핵금지조약에 가입해야 한다는 운동을 할 거야.

그러면 일본이 곤란해지겠지. 일본 정치도 변화할 수밖에 없을 거야. 그게 바로 내가 노리고 있는 점이고. 그래서 오키나와에 있는 독립 학회에도 참석해 이야기를 듣고 하는 거지.

일본 헌법 9조 1항, 2항의 내용은 다음과 같다.

1　日本国民は、正義と秩序を基調とする国際平和を誠実に希求し、国権の発動たる戦争と、武力による威嚇又は武力の行使は、国際紛争を解決する手段としては、永久にこれを放棄する。

1　일본국민은 정의와 질서를 기조基調로 한 국제평화를 성실히 희구希求하며, 국권의 발동으로서의 전쟁과 무력에 의한 위협 또는 무력의 행사와, 국제 분

중요한 건, 일단 한다는 거지

쟁을 해결하는 수단으로서는, 영구히 이를 포기한다.

2　前項の目的を達するため、陸海空軍その他
の戦力は、これを保持しない。国の交戦権は、
これを認めない。

2　전항(1항)의 목적을 달성하기 위하여, 육해공군
과 기타의 전력은 보유하지 아니한다. 국가의 교
전권은 이를 인정하지 아니한다.

전쟁과 무력행사를 영구히 포기하고 군사전력을 보유하
지 않는다는 뜻이다. 일본 헌법 9조는 '평화로운 세계를 만
든다'는 숭고한 이상을 나타내고 있지만, 이 9조가 아베 총
리에 의해 파기될 수 있다는 우려가 깊다.

그러지 않으면
세상이
바뀌질 않아

죽지않는 돌고래(돌)　마지막 질문입니다. '음악으로 세상을 평화롭게 한다'가 선생님의 목표라는 건 알겠습니다. 그런데 평화의 구체적인 그림은 어떤 것입니까?

키나 쇼키치(키)　간단하게 말해 국경을 없애는 것. 국경이란 게 인위적인 거잖아. 트럼프가 세우려 하는 멕시코 국경의 벽도 그렇고, 이스라엘의 게토(가자지구)도 그렇지. 인류의 문제가 이런 벽들로부터 나오는 거야. 그래서 오키나와가 앞장서서 국경주의에서 벗어나자는 거야.

국경이 사라지면 문제는 해결되니까. 내가 나비를 보았을 때처럼, 나비는 국경 없이 그냥 날아다니잖아. 새들도 날아다니고, 바람도 경계 없이 불고, 구름도 흘러가고. 모두 국경이 없어. 그 정점에 서 있다고 잘난 체하는 인간만이 국경을 가지고 있는 거야. 거기서 문제가 발생해.

돌 계속 듣고 있으니 뭔가 속아 넘어가는 듯한 기분도 듭니다만.

키 속아 넘어가도 괜찮아.

돌 옛날에는 국경이 지금과 다르긴 했죠. 지금 그어진 국경이 상상력의 한계를 만든다는 생각도 들긴 합니다.

생각해보면 절대법칙처럼 체감하고 있는 지구상 대부분의 국경이란 건, 최근 100년 사이 강대국들이 해당 지역의 역사적, 민족적 상황을 고려하지 않고 편의상 그어놓은 게 현재까지 정착되었을 뿐이다. 이 선을 별 생각 없이 대충

1부 한국에서 키나 쇼키치를 만나다

그어놓았기에 지금까지도 몇십만 명씩 죽어나가는 전쟁이나 분쟁의 원인이 되고 있다. 아프리카 대륙이나 중동까지 갈 것도 없이 한국도 여기서 자유롭지 않다.

키   옛날에는 서로 구분지어 살았기에 국경은 만남의 장소였어. 지금은 총을 들고 만나잖아. 옛날에는 물건을 들고 서로 교환하던 곳이었는데.

돌   상상력을 발휘해보면, 미래에는 가능할지도 모르겠군요.

키   미래는 바로 지금부터 시작하는 거지.

돌   언제가 하게 될 DMZ 공연 잘 부탁드린다, 이 말을 하고 싶네요. 선생님이라면 되든 안 되든 계속 시도할 거니까.

키   그동안 상대 쪽에서 먼저 제안한 인터뷰는 반응이

그러지 않으면 세상이 바뀌질 않아

시원찮았어. 오늘은 분명 반응이 좋을 거라 믿고 준비 단단히 하고 왔어.

오늘 온 의미가 바로 그걸세. 그걸(DMZ 공연) 말하려고 온 거야. 오늘 자네와 나눈 얘기는, 평소 누구에게도 하지 않는 이야기일세. 난 누굴 속이려는 말은 하지 않아. 하지만 전 세계를 속여 보려는 각오로 해나갈 거야.

나는 사람들에게 바보 취급당하기도 하지만, 그러지 않으면 세상이 바뀌질 않아.

인터뷰를 할 당시인 2017년 말, 남북관계가 풀릴 것이라고는 상상하지 못했다. 트럼프가 김정은에게 경고하고 김정은이 트럼프에게 폭격하겠다며 맞불을 놓고 있었다. 그런데 유심히 보면 북한의 이성이 살아 있기에 남북관계가 풀릴 가능성이 있다니? 뜬금없이 한국이 협상 테이블을 만들 수 있다니? 허황된 소리다.

가수로서는 천재라 생각한다. 폭격이 언제 일어날지 모르는 이라크 한복판에서 공연하는 용기는 대단하다고 생각한다. 다만 정치가 생활을 그리 했음에도, 산전수전 다

겪었음에도, 몰라도 너무 모르는 허황된 소리 아닌가.

이 부분을 빼자니 인터뷰는 거짓이 된다. 이 부분을 싣자니 그를 웃음거리로 만든다. 이 딜레마가 그와 약속하고도 당시에 인터뷰 기사를 내지 못한 이유다. 지금에서야 정리한 건, 어설프게 그를 배려해 되레 그의 진심을 뭉갠 내 선택에 대한 속죄다.

추신 인터뷰를 끝내고 잡담 도중, 한국에서 제일 재밌었던 것이 무엇이냐 질문했을 때, 그는 모든 대화의 답변을 하던 것과 마찬가지의 속도감으로, 즉각 "카지노"라고 답했다. 이번에도 카지노에 갈 것이라고 했다. 이내 그는 "이 부분은 빼주게, 으하하하"라고 했지만, 싫다. 그 즉각적인 속도감과 빼지 않는 대답 역시 그를 이해하는 데 중요한 부분이니까.

아무쪼록 키나 쇼키치라는 천재 혹은 괴짜에 관심 있는 한국인이 있다면, 〈하이사이 오지상〉이란 노래를 듣고 그를 알고 싶은 이가 있다면, 이 인터뷰가 그를 다면적으로 이해하는 데 조금이나마 도움이 되었으면 한다.

그러지 않으면 세상이 바뀌질 않아

2부

일본에서
키나 쇼키치를
만나다

'평화'라는
원 패턴과
1964 도쿄 올림픽

1.

외국인과의 인터뷰 작업은 고단한 면이 있다. 모국어로 도피할 수 없다. 녹취한 것을 머릿속에서 번역해 한국어로 옮기는 작업이 추가된다.

다만 상대방이 더욱 다가오는 부분이 반드시 있다. 한 사람과의 대화를 20번, 30번 반복해 듣고 번역으로 옮기다 보니 그리 된다. 새벽 3시 20분, 서울에서 진행한 인터뷰를 정리하다 다시 한번 그와 대화하고 싶다 생각했다.

96

2.

키나 쇼키치 측에 연락했다. 오키나와로 가겠다. 한 번 더 만나고 싶다. 그는 신곡 작업 및 본격적인 활동 준비로 관동에 있다 한다.

2019년 5월 14일, 사진기자 요코야마 신이치, 자료조사를 함께한 마츠오 카즈히코와 함께 일본 한가운데에 자리한 카나가와현에 도착.

평생을 일직선으로 살아온 그의 표정이 여전하다. 1년 반 만이다.

3.

인터뷰 장소는 카와사키시 나카하라구, 키나 쇼키치의 오피스가 있는 건물 1층 접견실. 당시 인터뷰를 기사로 내지 못한 변명부터 했다. 키나 쇼키치는 "지금이 오히려 시기가 좋다"며 웃는다.

죽지않는돌고래(돌) 남한과 북한의 관계가 굉장히 좋지 않았잖아요? 당시 이렇게 말씀하셨죠. "분위기는 좋아진다, 문재인 정부가 납득할 만한 협상 테이블을 만들기만 하면 된다." 저는 현실성이 없다 생각했습니다. 한데 말씀하신 대로 되었지요. 《타임》지에 한국 대통령의 얼굴과 협상가라는 카피가 크게 들어갈 정도니까요. 어떤 생각으로 하신 말씀이었나요?

민주주의자는 좋은 통치를 해야 권력에 지속성이 생기지만 독재자에겐 좋은 통치가 필요 없다. 지속적 통치 자체가 목표다. 이 목표에 문제가 생기면 언제든 모든 외교적 협의와 정책은 원점으로 돌아갈 수 있다. 남북관계가 어려운 이유다. 서울에서 인터뷰할 당시는 원점은커녕, 마이너스 상태였다.

키나 쇼키치(키) 심플하게 생각하는 게 중요해. 북한과 남한이 싸울 필요가 없잖아. 단지 역사의 굴곡 속에서 자본주의라든지 공산주의라든지 여러 가지가 들어와 그런 거지.

난 늘 이렇게 말해. 한국에서도 아리랑을 불렀고, 북한에서도 아리랑을 불렀지. 다들 눈물을 흘렸어. 그 눈물은 공산주의로부터 나온 눈물도 아니고 자본주의로부터 나온 눈물도 아니야. 굳이 말하자면, 공산주의와 자본주의 사이에서 분단된 조선 민족의 역사적 단층으로부터 나온 게지. 그 단층이 바로 38선이기도 하고.

제2차 세계대전 후 나라가 분단된 건 기본적으로 전쟁의 결과라 할 수 있어. 베트남도 그렇고. 베트남은 공산주의가 승리했지만, 독일은 베를린, 이건 자본주의가 승리한 거지.

하지만 나는, 38도선만큼은 자본주의나 공산주의로 나누는 게 아닌, '조선 민족만이 가진 역사의 정신'이 승리했으면 해. 그런 마음이 있었지.

돌 정치 경험도 있고 음악가로서 높은 경지에 오른 분이, '남북의 평화를 위해 나의 힘(노래)으로 응원을 한다. DMZ에서 반드시 공연하겠다'라고 하시는데, 오늘은 그 생각과 행동의 원점을 찾으러 왔습니다.

'평화'라는 원 패턴과 1964 도쿄 올림픽

키 내가 데뷔했을 때 하쿠류白竜(재일교포 출신 일본배우 겸 음악가. 한국명 전정일)랑 코류紅竜(상상 타이푼의 리더, 샤미센 반조 연주자)가 찾아왔다고 했지? 홍백의 용들이 찾아온 게지. (웃음)

일본어의 홍백은 한국의 청백과 느낌이 같다. 한국 가요계에선 청백으로, 일본은 홍백으로 팀을 나눈다. 한국 프로야구는 청백전, 일본 프로야구는 홍백전을 한다.

한데 그들만이 아니야, 일본 내 히피들과 마르크스 보이(마르크스를 신봉하는 젊은이)들도 찾아왔어. 그들을 다 받아들여 버리는 거야. 그들과 만나면서 계속 생각하다 "알았다!" 했지. 당신들과 진심으로 친구가 되겠다. 함께 걷겠다. 그래서 인도도 가고, 미국도 가고, 아시아 각국에서도 부르면 주저 없이 달려갔어. 온 세상을 돌아다닌 게지. 하지만 늘 원 패턴을 고집했어. '평화'라는 스타일로.

또 나에겐 특이한 경험이었다고 생각하는데, 도쿄 올림픽을 했었잖아. 내가 16살 때였거든. 고등학생이었는

2부 일본에서 키나 쇼키치를 만나다

데, 어느 날 한 레스토랑에 들어서자 TV에서 폐회식 중계가 나오고 있는 거야. 슥, 쳐다보는데 백인, 흑인, 아시아인이 모두 함께 뒤엉켜 얼싸안고 기뻐하고 있더군. "아나운서가 눈물을 흘리며 웃고 있습니다"라고 했던 것 같아. 그 장면을 보다 자꾸 눈물이 나는 거야. 마음속 혼이 비로소 눈을 뜬 것 같았지.

그가 본 올림픽은 1964년 도쿄 올림픽이다. 15살의 키나 쇼키치가 살던 오키나와는 일본이 아닌, 미국의 통치(1945~1972)를 받던 시기다. 일본은 독립했고 평화헌법의 가치를 누리고 있었지만 오키나와는 미국의 군사요새로 전락한 상황이 계속되고 있었다.

일본인이 메이지유신을 통해 문명개화를 했는데, 말이 문명개화지, 결국은 부국강병이었어. 국가를 위해 군대를 강화하겠다는 거야. 그래서 청일전쟁, 러일전쟁부터 만주사변, 진주만 공습까지 계속 내달린 게야. 폭주한 거지. 그러다 결국 패배하고 미국의 방공시스템 아래서 나

'평화'라는 원 패턴과 1964 도쿄 올림픽

라를 재건했지.

그 덕에 경제적으론 윤택해졌지만 마음 깊은 곳에선 아직 해방되지 않은 게 있었던 거야. 그게 도쿄 올림픽을 보고 전부 분출된 거지.

돌 16살 때 올림픽을 보고 변한 것도 있겠지만 원래 그런 기질을 가진 게 아니었을까요?

키 하긴 〈하이사이 오지상〉을 13살 때 만들었으니까.

돌: 그때 오키나와는 어땠습니까?

키 전쟁에 패배하고 정말 참혹했어. 길바닥에 한 어머니가 말이야. 젖을 주지 못한 채 아기를 안고 쓰러져 있다든지 하는 걸 너무 많이 봤어.

노래(〈하이사이 오지상〉)의 주인공만 해도, 그 어머니는 미쳐서 자기 아이를 죽인 후 솥에다 끓였잖아. 자기 아이를 죽인 어머니를, 난 그 전에 동네 밭에서도 봤었어.

옛날엔 용변을 모두 밖에서 해결했는데 거기서 얇은 옷만 입고 비를 맞고 있는 걸 봤지. 사건이 일어난 건 얼마 후였어. 남편은 매일 술에 절어 알코올중독이 됐지. 우리 집으로 나한테 몰래 술을 얻으러 찾아온 그 사람 말일세. 마을사람들 모두 그를 멀리했는데 난 그 아저씨가 좋았어. 지금도 그 아저씨 눈빛이 기억나.

어머니와 아버지 그리고 돈

그의 근원으로 가보고 싶다. 지금부터, 거슬러 올라간다.

죽지않는 돌고래(돌) 10살, 11살 어린아이일 때 그 아저씨 말고 달리 선생님께 영향을 준 사람이 있었나요?

키나 쇼키치(키) 아버지가 계시던 곳엔 오키나와 음악가 들이 죄다 모여들었어. 다들 거장이었지.

돌 아버님도 천재라 불렸죠.

키 난 그 한구석에서 고양이를 안고 보고 있었어. 모두 나이가 지긋했는데, 논쟁을 주고받는 게 참 재밌었어. 다들 여러 의견을 주고받게 되잖나. 내 음악이 낫다느니 이게 옳다느니. 어른들의 논쟁. 그 시작과 끝을 자주 목격하곤 했지.

나는 늘 도중에 '왜 그만두지?' 하고 생각했어. 답이 보일 것도 같은데, 조금만 더 서로 얘기하면 좋은 답을 찾을 수 있는데, 왜 그만두는 거지 하고 말이지. 내 보기엔 바로 그때와 똑같은 것 같아. 일본과 한국이 다투는 것도, 다른 나라들이 전쟁하는 것도. 단지 그때보다 목소리만 좀 더 커서 국가 용어를 쓰고 있을 뿐이지, 내용은 똑같아.

돌 어릴 때 아버님과 예술가들이 주고받던 대화에 영향을 받았다…. 한데 부친께선 천재로 알려져 자료가 많은 편인데 모친 쪽은 잘 알려져 있지 않습니다.

키 어머니 집안은 슈리왕조에서 일하던 고급 관료였어.

어머니와 아버지 그리고 돈

현재의 오키나와에 있었던 류큐왕국, 그 수도인 슈리首里에서 일했다는 뜻이다.

키 일본의 시마즈 가문이 류큐에 쳐들어왔잖아.

시마즈 가문은 에도막부 시대, 사츠마번―현재 가고시마현―을 다스리던 다이묘 가문이다. 당시, 1만 석 이상을 받는 무신으로 쇼군에게 예속되어 있는 영주를 다이묘라 불렀고 다이묘가 통치하는 지역과 그 지배기구를 번이라 불렀다.

키 류큐왕국은 중국과 일본을 잇는 가교로 중국 문화를 받아들여 문화적으로 번성하던 나라였어. 원래 오키나와엔 중국 화교가 있었던 거야.

그러다 시마즈가 쳐들어와 점령당한 후, 고유문화가 억압되고 세금을 뜯기게 되니 한순간에 오키나와의 주인이 바뀐 거지. 류큐왕국은 망하고 산산이 흩어졌는데 우린 그들 후예 중 한 명인 셈이야. 류큐의 후예로서 에

도막부식 옷차림으로 사느니 할복하는 편이 낫다는 게 어머니 집안의 분위기였지.

에도막부식 옷차림으로 살지 않겠다는 건 사무라이에게 빌붙지 않겠다는 뜻이다.

> **키** 그래서 어머니 친정집은 산속 깊은 곳에서 숯을 만들어 파는 걸로 먹고 사셨어. 산속 깊은 곳에 사셨으니 당연히 어머니는 학교도 가지 않으셨지.

키나 쇼키치의 이야기를 이해하기 위해선 오키나와 역사에 대해 좀 더 알 필요가 있다. 과거 오키나와 지역에 건국된 류큐왕국은 일본제국에 강제 병합되어 멸망하기까지, 즉 1429년부터 1879년까지 450년간 존재했다. 일본과 다른 독립국가였다는 말이다.

조선이 1392년부터 1897년까지 518년간 존재했고, 이후 대한제국으로 이름이 바뀌어 1910년, 일본제국에 강제 병합되어 멸망했으니 한국인이라면 어떤 느낌인지 이해가

쉬울 듯하다.

그가 말한 시마즈 가문의 침략 이야기는 도쿠가와 막부 시대 이야기다. 막부는 전국시대 일본을 통일한 도요토미 히데요시가 조선을 침략한 탓에 명나라와 관계가 단절되어 무역이 금지된 상황이라 고민이 많았다. 해서 관계를 회복하고자 명나라와 사이가 좋은 류큐왕국의 도움을 얻으려 했으나 거절당한다.

막부는 류큐왕국을 실질적으로 지배해 영향력을 행사하는 동시에 나라를 존속시켜 외교 관계에 이용한다는 계획이 섰고, 이를 위해 시마즈 가문에게 침략을 허가한다.

먼 훗날의 이야기지만 시마즈 가문의 사츠마번은 류큐왕국을 착취해 갖게 된 경제력을 바탕으로 메이지유신의 중심에 서게 됐으니 결과적으로 도쿠가와 막부를 멸망시키는 데 큰 역할을 한 셈이다. 역사의 아이러니다.

돌 어머님도 보통 분이 아니셨군요?

키 나는 어머니의 밝은 부분과 아버지의 민감함을 모두

물려받은 것 같아.

돌 그렇다면 부모님 외에 영향을 받은 분은 없으신가요?

키 좋은 선배님이 아주 많았지. 어느 순간부터 오키나와 곳곳에 계신 좋은 선배님을 모두 만나고 다녔어. 독자적인 사상가라든가 마르크스주의자. 그리고 경제인이나 문화인, 역사학자, 운동가 중 뛰어난 분들 말일세. 모두 날 귀여워해주셨어. 그분들께 여러 가지로 많이 배웠지.

돌 이전 인터뷰에서 이렇게 말씀하셨어요. "말하다 보니 깨달은 건데 난 어릴 때 친구가 없었구먼…" 하고 혼잣말처럼. 조금 이상한 질문일지도 모르겠습니다만, 친구라고 느낀 존재와 처음 만난 것이 언제인가요?

키 어릴 때는 다 같이 놀잖아. 그런데 항상 마지막까지 남아 있는 게 나였어. 다들 집에 돌아가는데, 난 최후의 최후까지 더 놀고 싶었거든. 그런데 다들 집에 돌아가 버

어머니와 아버지 그리고 돈

렸으니까 난 혼자였지. 별 수 없이 풀을 뜯거나 달이나 태양을 쳐다보며 놀았어. 그러다 우주란 게 뭘까 하고 생각하기도 했고.

돌 　어렸을 때부터 그런 생각을 한 거군요.

키 　그렇지. 계속 가보면 끝이란 게 나올까 하고 생각하다, 또 혼자 놀 땐 그 끝 뒤엔 뭐가 있을까, 그러다 쓰러져서 잠들곤 했지.

돌 　자기 자신이 친구였네요.

키 　그런 셈이지. 계속 놀고 또 놀다가 그 끝엔 뭐가 있을까 하다 쓰러져서 잠들곤 했으니.

돌 　외롭다고 느끼진 않으셨나요?

키 　계속 '왜왜왜' 하고 파고들기만 했으니 혼자였던 건

어찌 보면 당연했을지도 몰라. 나 혼자 좀 동떨어져 있다는 느낌은 있었지.

돌 아버님이 유명한 분이었으니, 다른 아이들이 선생님을 어려워했다든가 하는 일은 없었나요?

키 아버지가 유명해진 건 내가 소학교(초등학교) 후반 무렵이야. 오키나와 민요 음악을 널리 알렸기 때문이지. 지금이야 상상도 못 할 일이지만, 원래 오키나와 고전음악에선 여성은 노래를 부르지 않아. 노래는 남성들만의 전유물이었거든. 여성의 경우, 춤은 출 수 있지만, 노래는 부를 수 없었어.

하지만 아버지가 민요를 통해 여성들도 노래를 부를 수 있게 한 거지. 그러자 점점 민요가 결혼식이나 축제 같은 곳에서 많이 불리게 된 거야. 그 계기를 만든 게 아버지였어. 그런 의미에서 보자면 민요는 사무라이 문화와는 아무런 상관이 없지. 마을의 일반 민중이 부르던 것이었으니. 그래서 차별도 있었어. 고전음악을 하는 집 아들이 있었는데, 나는 민요 집 아들이었지. 그래서인지 늘 나를 괴롭혔어.

하지만 점점 팝 같은 미국 문화가 들어와서 유명해지니, 유명한 쪽이 더 대단한 사람이 된 게야. 상황이 역전되었다고나 할까.

돌 선생님이 외톨이였다고 하셔서, 다른 아이들이 선생님 집안을 보고 부럽거나 어려워한 건 아닐까 생각했는데요.

키 아니야. 우린 엄청 가난했어. 식구만 해도 10명이 넘었잖아. 생각해봐. 정말로 가난한 사회에는 '가난하다'란 개념 자체가 없어.

먹어도 먹어도 배고프니까 먹는 것밖에 생각을 못 해. 열심히 밥을 먹고 자고, 아침에 일어나면 배 채울 생각부터 하는 거야. 그러니 가난하다란 생각 자체를 못 해. 먹는 것밖에 생각을 안 하니까. 짐승이나 다름없지.

돌 어렸을 적 무척 가난했지만, 후에 오키나와에서 공연을 하실 땐 하루에 집 한 채를 지을 수 있을 정도로 돈을 벌잖아요. 돈이 필요한데, 돈을 벌어야지, 하고 생각한 적은 없었나요?

나는 그가 현실에 얼마나 발을 디딘 인간인지 알고 싶다.

키 한 번도 없어. 물론 부모님은 생활을 책임지고 있었으니 돈이 얼마나 중요한지 알고 계셨지. 나야 워낙 천성이 밝았으니까. 다만 어머니께서 돈을 관리하셨는데, 어렸을 때부터 아르바이트를 해 어머니께 돈을 드리는 게 큰 기쁨이었어. 그래서 초등학교 1학년 때부터 계속 신문 배달을 했어. 그렇게 번 돈을 어머니께 드릴 때, 기뻐하시는 어머니를 보는 게 큰 행복이었지. 어떤 의미론 효도였던 셈이군.

(공연을 하던 시절엔) 아버지 음악을 바탕으로 해서 내 노래를 만들어 불렀더니 반응이 폭발적인 거야. 신기하게도 돈이 그냥 굴러들어 왔지. 철들기 전에 돈을 벌었으

어머니와 아버지 그리고 돈

니 이게 좋은 일인지 나쁜 일인지 모르겠어. 현재의 내가 어떠냐에 달린 일이겠지.

돈을 엄청 벌 때의 행복은 과거의 영광이지. 형무소도 다녀왔고. 가난했던 놈이 벽난로가 있는 깨끗한 집에 당구대도 두고, 양복 세트 맞춰 입고 회사까지 세워선 외제 차를 타고 다니니 말이야.

돌 예전엔 여자 친구도 많았다고 얘기하셨습니다. (웃음)

키 관심이 많았지. 말하자면 데카당스.

데카당스. 본래 뜻은 '윤리적 타락'으로 19세기 프랑스에서 일어난 문학사조의 하나를 칭한다. 기존의 사회규범 및 도덕을 비판 또는 반대하는 경향으로, 그의 삶이 길가에 함부로 침 뱉지 않고 학교 복도에서 실내화를 신고 살금살금 걷는 것과는 거리가 멀었다는 얘기다.

키 당시는 아무도 나쁜 일이라 생각지 않았어. 마약도.

그런 분위기였지.

돌   마약도요?

키   그럼. 경찰도 할 정도였으니. 검증할 방도가 있겠지
만 그땐 어째서 내가 오키나와가 일본으로 복귀되기 전
에 구속해서 실형을 받았는지 알 수 없었을 정도라니까.

돌   첫 타자였죠. (웃음)

키   '복귀검사 공소 제1호'였지. 지금 생각해보면 본토 사
람에게 미운털이 박힌 게 아니었을까 싶어.

형무소
안에서,
다시 돌아가다

죽지않는 돌고래(돌) 형무소에 계셨을 때 이야기를 더 듣고 싶습니다. 지난 인터뷰에서 많은 책과 사전을 읽으며 공부했다고 하셨는데, 안에서 영향 받은 사람은 없나요?

키나 쇼키치(키) 형무소 안에선 없었어. 다만 친구 중 하나가 《민주사회주의란 무엇인가》라는 책을 보내주었지. 그 책을 읽는데 마르크스가 엄청 비판당하고 있더군. 대체 마르크스가 누구길래, 하는 의문이 들었지. 형무소에 갇힌 사람 입장에선 비판당한 마르크스에게 심정적으로 동정이 갔거든.

친구가 책을 보내줬는데 그게 마르크스와 레닌의 사상에 관한 것이었어. 읽다 보니 나와 사상이 비슷한데 하는 생각이 든 거야. 그래서 점점 책에 흥미가 생겼지. 그 다음에는 《자본론》을 보내줬는데 읽어도 무슨 소린지 하나도 모르겠더군. (웃음)

돌 9시 이후에는 책을 읽을 수 없어 화장실에서 읽었다고 하셨는데, 그 정도로 끌어당긴 책이 무엇인가요?

키 가장 감동받은 건 내 조상님들(류큐왕국) 이야기였지. 일본과 싸우다 최후에 미쳐서 죽은 대목에선 눈물을 펑펑 흘렸어. 그걸 들키지 않으려고 책을 두고 아무렇지 않은 척 화장실에서 나오곤 했지.

돌 방에는 몇 명 정도 있었나요?

키 몇 번인가 바뀌었는데, 많을 땐 한 방에 예닐곱 명 정도였어. 그러다 성실하게 지내니 두세 명인 방으로 가게 됐지.

돌 선생님을 싫어하는 사람은 없었나요?

키 처음엔 감옥 안의 생리를 전혀 몰랐어. 두목 행세를 하던 자들이 괴롭히더라고. 머리에 소스를 뿌린다든가 하는 식으로 말이야. 열받았지. 한데 굴복하지 않으니까 괴롭히는 애들도 포기하더군. 성실하게 지내다 보니 야외에서 토마토도 길렀어.

출역을 했다는 이야기다.

키 처음부터 씨를 뿌리고 물을 주고 하며 키운 거야. 그러다 점점 생명에 대한 경외감 같은 걸 느꼈지. 거기서 또 하나를 배운 셈이지.

돌 저라면 아무 생각도 못 했을 것 같은데. (웃음)

키 씨를 뿌리면 이게 자라서 또 다른 씨를 만들어내잖아. 그럼 처음의 씨앗과 이 씨앗은 뭐가 다를까 생각한 거지. 처음의 씨앗은 내 노력이 들어가 있지만, 그다음에 나온 씨앗은 그렇지 않잖나.

같은 형태를 띠고 있지만 전혀 달라. 똑같은 모습을 하고 있지만 전혀 다른 존재. 마찬가지로 세상의 흐름 속에서도 그런 순환이 있는 것 같아.

톨 그렇다면 형무소 안에서도 사람과의 인연보다 혼자 사색하고 독서하며 받은 영향이 더 컸다는 건가요?

키 일단 처음엔 일본말을 잘 못했으니. 오키나와 사투리가 심했고, 학교도 제대로 다니지 않았지. 구체적으로 말하자면 요만한 일본어 사전이 있었는데, '주소'라는 항목을 보고도 이게 뭐지 했을 정도였다니까.

말은 놀면서 배웠어. 형무소 교외에 나가서 토마토를 키우며 받았던 감동이라든지, 으음, 뭐든지 쉽게 감동했던 거 같아. (웃음)

형무소 안에서, 다시 돌아가다

돌 형무소 안에서 감동이라. 선생님의 인생을 보고 있자면, 형무소에 다녀온 이후로 무언가 변했다는 건 알겠는데, 정확하게 그게 무엇인지 늘 의문이었습니다. 유명해지는 중이고 부자가 되었다…. 한데 그런 사람은 형무소를 다녀온다고 크게 변하거나 하진 않거든요.

키 돈을 많이 벌고 사치도 했었는데 결국은… 지금 일본도 그렇지만 한국도 마약이 큰 사회문제가 됐잖아?

인터뷰를 하는 현재, YG그룹의 마약 문제는 일본 언론에서도 제법 다루는 중이다.

키 형무소에 들어갔을 때 거기에 딸린 의료 시설에 끌려갔는데, 그런 병원이 또 없어. 한 가지는 명확하게 보였지. 그때 잊고 있었던 걸 다시 깨달은 건지도 몰라. 갇혀 있는데 나비가 날아왔어. 어렸을 때 다들 나비나 잠자리가 날아다니는 걸 보고 감동을 느끼곤 하잖아. 생명에 대한 감동 같은 거. 돈에 취해 있을 땐 그걸 잊고 있었던 거야. 그런데 형무소에 들어간 후 다시 깨달은 거지.

돌 다시 순수한 마음을 기억한다.

키 그렇지.

돌 제가 형무소에 끌려간다면 성격만 나빠질 것 같은데 말이죠.

키 날 체포했던 분을 만났는데, 이제 여든 정도 되셨어. 몇 년 전 우연히 만났을 때, 너 참 대단해졌다, 하시더라고.
　그때 두 거물을 체포했는데 한 명은 나고 한 명은 오키나와현 지사였다더군. 요나미네 지사는 돼지를 빼돌렸다 잡혔는데 윗선이 덮어줘서 사건 성립조차 안 되고 그냥 풀어줬대. 나만 잡힌 거지. 그런데 시간이 흘러 보니 "오히려 네가 더 대단한 사람이 되었구나", 하시더라고. 진심인지 빈말인지는 모르겠지만, 서로 간의 신의는 있었어.

형무소 안에서, 다시 돌아가다

내가 그랬지. "선생님이 그때 절 체포하지 않으셨다면 지금쯤 폐인이 되어 있을지도 모르겠습니다. 그러니 감사 드립니다"라고. 그랬더니 막 우시는 거야. 그때부터 계속 친구처럼 지냈지. 뭐, 그런 유의 감동이 있었다는 거지.

돌 전에는 선생님께서 진화랄까 변화했다고 생각했는데, 오늘 말씀을 들어보니 '되돌아갔다'라고 하는 게 맞을 것 같네요. 이게 아니구나 하면 초심으로 돌아가는 걸 잘하시는군요.

키 그렇지. 계속 그래 왔어.

내가
잘하는 것과
이라크

죽지않는 돌고래(돌)   그 이후에 인도에 갔을 때가 있었잖
아요? 오쇼 라즈니쉬 같은 분도 만났고. 이전 인터뷰 때
는 라즈니쉬에 대한 이야기 말고는 별로 하지 않으셨는
데, 선생님에게 영향을 끼친 다른 인물들도 궁금합니다.

키나 쇼키치(키)   정말 여러 거물을 만났어. 일본에서도
정신이 살아 있는 사상가, 운동가는 모두 찾아왔었어. 오
카모토 타로도 왔고.

내가 잘하는 것과 이라크

오카모토 타로. 1953년생. 일본을 대표하는 아방가르드 화가이자 현대미술의 선각자로 불린다. 한마디로 거장.

그러니 나도 모르는 사이에 영향을 받으면서 내가 변한 거지. 북한에서 콘서트를 한 것도, 남한에서 하게 된 것도 다 그분들 덕분이지. 다만 한 가지, 내가 정말 잘하는 게 있는데, 분위기, 바로 분위기를 바꾸는 거야. (웃음)

한국과 북한 사이도 역사의 잔재가 개입해서 이상하게 되어버렸잖아. 내가 그 사이를 비집고 들어가 콘서트를 함으로써 분위기를 바꾸고 싶은 거지.

돌 그건 자신이 있다는 말씀이군요? 스스로에게 그런 감각과 노력이 있다는.

키 그렇지. 올림픽을 봤을 때 내 안에 들어온 무언가가 커져서 움직이는 거야. 세상이 더 화목해지도록.

돌 이라크 공연 땐 시민단체와 함께 가셨죠?

키   나도 원래라면 대중 앞에서 이야기하고 싶었어. 근데 이라크 사람들도 처음엔 날 의심했거든. 미국 측 사주를 받은 사람이 아닌가 하고.

돌   실례입니다만, 선생님께선 다른 곳에선 유명하실지라도, 이라크 사람들은 선생님을 잘 모르잖아요. 그거야말로 용기가 필요한 일인 것 같은데.

키   그냥 꼭 가야만 한다고 생각했어. 나는 아직도 이라크 사태가 끝났다고 생각하지 않아. 아직도 지옥이지. 내가 보기엔 결국 이스라엘에 달린 문제야. 예루살렘에서 결판날 일이지. 지금은 그 결판이 잠깐 미뤄졌을 뿐. 연장선에서 난 한국과 북한 사이에 있는 38도선(현재의 휴전선을 의미)이 천국의 문이 될지, 지옥의 문이 될지 지켜보고 있어.

조선 민족의 승리가 천국으로의 문이 되기 위해 오키나와를 한데 모아 일본도 불을 붙여 포함시키고 싶어. 마침 중국에서도 〈하나花〉가 큰 인기거든. 중국인들도 스펀

지처럼 내가 하고자 하는 말을 다 흡수하니까. 다 모아서
분위기를 폭발시키고 싶어.

〈하나(花, 꽃)〉는 그가 작사, 작곡한 대표곡이다. 〈하이사
이 오지상ハイサイおじさん〉이 오키나와에서 일본 본토로 뻗어
나갔다면 〈하나花〉는 세계로 뻗어나갔다.

원제는 〈모든 사람의 마음에 꽃을〜すべての人の心に花を〜〉
이지만 레코드사가 붙인 부제인 〈하나(花, 꽃)〉로도 지칭한
다(앞으로 편의상 〈하나花〉로 통일한다). 한국에선 잘 알려지지
않았지만 대만, 태국, 베트남, 아르헨티나 등 60여 개국에
서 리메이크되었고 세계적으로 3000만 장이 팔렸다. 일본
문화청의 일본 노래 100선에도 선정된다.

돌 어디서 영감을 얻나요? 음악적으로도 그렇고, 행동
할 때도 그렇고. 표면적으로만 보자면, 이라크에 가야겠
다고 생각하자마자 바로 떠나고, 북한에 가야겠다고 하
면 또 바로 가버리잖아요.

키 영감이랄까. 정확히 뭐랄지 모르겠는데, 그냥 찾아오는 거 같아.

돌 그런 식으로 느끼는 건가요? TV나 신문 같은 걸 보다가, 가야겠다! 별다른 이유는 없네요? (웃음)

키 다들 생각하고 있는 것에 반응하는 것 같아. 올림픽을 보며 느꼈던 감동처럼 말이야. 더 어렸을 땐, 꿈속에서 신기한 것들을 잔뜩 봤고. 굳이 말로 표현하자면… 그렇게 말할 수밖에 없는 것 같아.

돌 이라크에 간 것도 직접 결정하신 건가요?

키 내가 정했지. 꿈을 꿨어. 일본 자위대가 중동으로 진군하는 꿈을. 이건 위험하다고 생각했지. 일본이 다시 전쟁을 일으키는 게 아닌가 하고. 그 꿈을 꾼 지 몇 년 후에 이라크 사태가 일어났어. 그래서 가기로 결심한 거야. 우려하던 일이 발생하기 전에 미리 손을 써야겠다 생각

내가 잘하는 것과 이라크

한 거지.

돌 저는 NGO나 NPO 단체에서 선생님께 요청한 게 아닌가 생각했었거든요. 본인이 먼저 정한 거군요.

키 그렇지. 침묵시위란 게 있잖아. 침묵시위가들을 이라크에서 처음 봤어. 나는 음악가니까 악기를 가지고 갔는데, 그걸 늘어놓고 있으면 후세인 측 시위대가 와서 가져가버리니 그분들이 조용히 하라는 거야. 난 악기를 들고 있는데 어떻게 조용히 하겠냐고 막 악기를 두드리며 해버렸지.

한데 시위대에 있던 어떤 꼬마애가 작은 목소리로 "살람, 살람"이라 하길래 어떤 할머니에게 살람이랑 사담은 소리가 비슷한데 다른 뜻이냐 물어봤어. '살람'은 평화란 뜻이래. 비슷하지만 의미는 완전 다르지. 이야, 이거다 싶었어.

그래서 후세인 측 시위대와 마주치게 될 타이밍을 노리다 애들한테 "살람, 살람"을 크게 외치도록 시켰지. 악기를 시끄럽게 연주하면서. (웃음) NPO는 국가라는 사슬을 끊고 서로 손을 맞잡는 단체인데도 나를 참 신기해하며 봤어.

톨 거꾸로 곁에서 함께 일하는 사람들은 참 힘들었을 거란 생각이 듭니다. (웃음) 이라크에 간다고 결정할 때도, 여러 절차를 거쳐야만 할 텐데, 그러니까 비행기부터 현지 체류하는 것까지. 그런 생각 없이 "바로 가자!"라니!

키 그것말인데, 이라크에 가려고 마음먹고 이라크 대사관을 찾아갔지. 오키나와에서 날아왔다고 하자, 날 한쪽으로 부르더니 "키나 씨, 꼭 와주십시오." 하더라고. 그럼 가는 거지 뭐.

톨 복잡하게 생각하지 않는 것이 강점이네요. 아니, 그냥 질러버리는 게 선생님의 강점인가. (웃음) 주변 사람들에게 잘해주시길. 아마 엄청 힘들어하고 있을지도 모릅니다.

키 그래서 내가 '문화인'이 될 수 없는 거야. (웃음) 일단 내가 움직이기 시작하면 모두가 같이 움직여줘. 이게 참, 어느 시점에서 뭐랄까, 스스로도 잘 모르겠어.

돌 그걸 알고 싶은 건데!

키 이게 설명이 안 돼. 어느 순간, 모두가 같은 걸, 같은 방식으로 생각하는 거야. 옛날에 나이를 먹으면 더 역동적인 인생을 살 거라는 생각이 들었는데 정말 그렇게 되었고.

돌 그런 자신을 그대로 믿어버리는 게 강점이지요.

키 어떤 생각을 하면 어떤 사람이 문득 찾아오는데, 그건 설명을 할래야 할 수가 없지.

의지를 가지고 오롯이 일직선으로 노력하는 이는 주변인의 가슴에 무언가를 남긴다. 처음엔 바보 같아 보인다. 두

번, 세 번 반복되면 바보라 생각해도 응원하고 싶어진다. 응원하는 사람이 일정 수준을 넘어가면 당연하다 생각됐던 것들조차 바꾸는 힘이 생긴다. 본인은 설명할 수 없다고 생각하는 사건들이 내겐 그렇게 해석된다.

오키나와, 미군기지 그리고 정치

죽지않는 돌고래(돌)   선생님과 대화할수록 정치가였던 사

람으론 보이지 않습니다.

키나 쇼키치(키)   지금의 오키나와. 오키나와 붐이라는 게

있지. 일본이 오키나와에서 음악을 많이 발견해가는 시

기가 있었잖나? 아무로 나미에도 나왔고, 카데카루 린쇼

(1970년대 전국적으로 활동한 오키나와 민요 가수)도 있고, 치

나 사다오(오키나와 출신의 민요가수, 음악 프로듀서), 이어서

네네즈(치나 사다오가 프로듀스한 오키나와 음악밴드), 린켄

밴드(오키나와 전통악기와 현대 악기를 융합한 오키나와 팝으로 유명)도 나오고 BEGIN, 몽파치, 그 외에도 무수히 많이 나왔어.

일본이 오키나와에서 음악을 '발견하는 시기'라는 그의 말에는 일본이 오키나와 출신 뮤지션들의 음악을 소비하기 시작했다는 이상의 의미가 있다. 오키나와 출신 가수들의 활약과 함께 오키나와 자체를 일본 본토가 의식하기 시작했다는 뜻이다.

키 이건 나를 계기로, 오키나와 음악이 '발견'돼서 일어난 일이지. 그때 정치가나 다른 사람들도 당신은 음악의 천재이니 정치를 해선 안 된다고 했어. 거꾸로 음악계에선 내가 하는 음악 때문에 나를 음악 파괴자라 부르며 차별했고.

오키나와 민요의 전통을 따르지 않고 현대식으로 해석했다는 이유다.

오키나와, 미군기지 그리고 정치

키 그런 놈이 정계에 입문하면 곤란하다고 생각했으니 음악의 천재라 추켜세우며 정치할 생각은 하지 마라 한 거야. 그렇지만 결국, 현지사부터 시작해 국회의원과 시장이 오키나와 곳곳에, 심지어 반대편에도 내가 손댄 정치인들이 선거에서 이기기 시작했지. 음악이든 정치든 내가 손을 대면 확 잘되는 거지. (웃음)

돌 오키나와현 지사 선거는….

키 민주당 오키나와현 대표였을 때, 일본 정치가 오키나와를 대하는 태도를 알고 오키나와현지사 선거(2014년 11월 16일)에 나가 싸웠지. 내가 현지사가 되고 싶어 싸운 줄 알지만 실제론 일본 정치와 싸운 거야. 1위는 오나가 다케시였고, 2위가 나카이마 히로카즈, 그다음이 시모지 미키오. 나는 단지 7821표에 그쳤지.

1위 오나가 다케시는 36만 820표, 2위 나카이마 히로카즈(현직)는 26만 1076표, 3위 시모지 미키오는 6만 9447표를 받았다. 키나 쇼키치에게 투표한 사람은 고작 1.1퍼센트였다.

> **키** 하지만 분명히 말할 수 있는 건, 난 스스로에게 패배하지 않았어. 몸뚱이는 멀쩡하니까. 나이 먹으면 가는 데 순서 없거든. 내가 가장 활력이 넘쳤으니까. 포기하지 않았으니까. 포기하면 끝이야. 확연한 차이가 있지. 아마 그때 내가 당선이 됐으면 나는 아직 거기에 얽매여 있었을 거야. 지금의 난 없었겠지.
>
> 그러니까 낙선했지만 다음에 할 일이 주어진 거야. 인류 전체를 위해 공헌하는 일에 참가할 수 있게 된 셈이지.

일본 정치와 싸웠다,라는 말을 이해하기 위해선 오키나와의 후텐마-헤노코 기지 이전 문제를 이해할 필요가 있다. 키나 쇼키치를 이해하고 오키나와를 이해하는 데 중요한 부분이니 조금 풀어보자.

시작은 전쟁 중이던 1945년 6월이다. 미군은 오키나와 점령 후, 후텐마에 일본 본토를 폭격하기 위한 활주로를 만

오키나와, 미군기지 그리고 정치

든다. 2개월 후, 미국의 원폭 투하로 전쟁은 8월 15일에 끝났으나 미군 수용소나 일본 각지로 도망쳤다 돌아온 현민들의 집과 농지는 미군기지로 바뀐 상황. 오키나와 현민은 경제적이든, 정치적이든 미군기지를 중심으로 한 체제 속에 편입될 수밖에 없었다.

1952년 4월 28일, 미일평화조약, 미일안보조약, 미일지위협정이 발효되며 미군 점령하의 일본은 주권을 회복했으나 오키나와는 그러지 못했다.

(아베 신조 총리가 2012년 중의원 선거 과정 중, 4월 28일을 주권 회복의 날로 지정, 공식 정부 행사로 치르겠다고 공약하고 실제 공약대로 기념식을 할 때, 오키나와가 분노한 이유다. 오키나와 주민들에게 그날은 주권 회복의 날이 아닌, 일본 본토에게 또다시 버림받은 날이다.)

1960년대에 후텐마 기지는 본격적으로 미군 해병대의 기지가 된다. 냉전이 완화되고 국제 정세가 변해가자 오키나와 현민은 지속적으로 기지 반환을 요구했으나 묵살된다. 전쟁 중엔 일본 본토를 지키기 위한 총알받이로 강제되었고 전쟁이 끝난 뒤는 미일안보 관계를 개선하는 도구가

2부 일본에서 키나 쇼키치를 만나다

된 게다.

이후, 미군은 후텐마를 돌려준다는 명목하에 다른 장소를 원했고 그곳이 지금까지 계속 언론에 오르내리는 헤노코 지역이다. 나고시 헤노코 역시 오키나와현이기 때문이다.

1970년대, 재일 미군기지가 재편될 당시, 수도권의 미군기지가 반환되면서 미군 관련 범죄는 격감했으나 오키나와는 바뀌지 않는다. 본토의 반환된 기지 역시 오키나와로 갔기 때문이다.

이 문제로 일본 정부와 오키나와현은 줄곧 대립했고 오키나와 현민의 의견은 늘 무시당했다. 미국의 통치가 끝난 1972년 이후에도 크고 작은 미군 범죄는 오롯이 오키나와 현민의 몫이었다. 한국 역시 흔했던 일로, 불평등한 미일지위협정으로 미군은 범죄를 저질러도 본국으로 도망가 버리면 끝이기 때문이다.

변화가 보이던 시기도 있었다. 2009년 9월, 하토야마 민주당 정권은 '후텐마 대체 시설의 국외 이전, 최소한 현외 이전'을 공약하며 오키나와에서 압도적인 지지를 얻었다.

하지만 오바마 정권은 기존 체제를 바꿀 생각이 없었고 일본 외무성과 방위관료는 대미 추종적 태도로 일관했다(일본 관료들이 하토야마 정권의 정책 수정에 응하지 말라고 미국 측에 로비했다는 사실이 위키리크스에 의해 공개됐다).

오키나와 지역 외의 일본 언론 대부분은 전후의 미일 관계를 재조정할 수 있다는 가능성을 상상하지 못한 채, 뻔한 기사만 써댔다. 안보가 모든 것을 덮어버린 게다. 수구파의 집중포화를 받은 하토야마 정권은 1년을 버티지 못하고 기존의 공약을 뒤엎었고 모든 시도는 제자리로 돌아간다.

이 와중에 키나 쇼키치가 출마한 2014년 오키나와현지사 선거가 시작된다. 쟁점은 오키나와현의 미군기지 이전 문제다. 민주당 내부 방침은 현외 이전에서 현내 이전으로 바뀌었으나 키나 쇼키치는 따르지 않는다. 현외 이전을 계속 주장한다.

민주당은 후보를 사퇴하든가 탈당하라 요구했고 그는 민주당 오키나와현 대표를 사임한다. 하지만 당이 요구하는 후보 사퇴와 탈당은 거부한다.

민주당은 이를 중대한 해당행위로 규정하고 당위원회를

거쳐 키나 쇼키치를 제적한다. 선거에 나가 패배한 그는 《류큐신보》와의 인터뷰에서 "역사적 모순에 빛으로 맞섰다. 선거에는 졌으나 나는 승리했다고 생각한다"라고 답했다.

일본 면적의 0.6퍼센트를 차지하는 오키나와에 70퍼센트가 넘는 미군 시설이 집중된 구조(재일 미군 전용면적 기준)는 현재까지 이어지고 있다.

돌 한국에도 다른 분야의 유명인이 정치에 뛰어드는 예가 있습니다만, 정치인이 되어서는 그다지 존재감이 없어지거든요. 당의 지시만 따르지요. 그러면 생각하게 됩니다. 저 사람의 목표는 국회의원이 되는 것, 권력을 잡아보는 것 자체가 아니었나 하고요. 선생님의 경우는 그것과는 거리가 멀었지요.

키 다른 사람들은 어떤지 모르지만 내가 생각하기에 나의 강점은, 일단 말을 하는 거야. 어떤 의미로는 정치 행위지. 여러 가지 주장을 막 하는 거니까.

난 음악을 하고 있으니 저작권료 수입이 있어. 그러니 정치, 경제, 문화적으로 자립했다고 할 수 있지. 다른 누군가에 휩쓸리지 않아도 돼. 보통은 월급을 받잖아. 조직에 소속되어 있고. 그러니 따라야만 하는 것이 있는 셈이지.

그에 비한다면 나는 내 마음대로 할 수 있는 거야. 보통은 뭔가 잘못되어서 싸움이 벌어지면 고개를 숙이고 사죄를 할지, 싫은 걸 싫다고 할지 선택해야 하는데, 난 싫다고 하면 그걸로 끝이지.

간단히 말하자면 버릴 수 있는 능력을 가졌다고 해야겠지.

아이러니하게도 정치라는 판에서 이는 약점으로 작용했다. 좌우, 상하, 옳고 그름을 떠나 권력의 눈치를 보지 않는 사람은 권력 유지에 도움이 되지 않는다. 해서, 내쳐진다.

돌 민주당에서 참의원을 할 때 가장 힘든 점은 무엇이었나요?

2부 일본에서 키나 쇼키치를 만나다

키 내가 완벽한 인간은 아니었으니까. 우선 자민당부터 완전 뒤집어 바꾸려고 했었어. 생각해보면 간단해. 북한은 독재국가지. 중국도 독재국가고, 러시아도 그렇다 할 수 있지. 그런데 잘 생각해보면, 일본 자민당이 중국 공산당보다도 정권을 휘어잡은 지가 오래됐어.

돌 초선 의원이 생각할 사이즈가 아닌데요?

키 그렇게 생각하면서 기득권을. 이 기득권 안에 오키나와 음악을 순수하게 퍼트리려 해도 위에는 언론이 있고, 언론 안에도 좋고 싫음이 있어. 그리고 그 좋고 싫음 안에 모든 것이 개입해오는 거야. 공산당 같은 경우에는 자기네들 정당의 세력 확대를 위해 연예계를 이용하는 거야. 공명당 같으면 포교 활동으로.

그러니까 오키나와 같은 경우에는 야당이, 즉 공산당이 정권을 잡으면 행정 예산을 처먹어버리는 거지. 공명당 역시 정권을 잡으면 예산을 자기 마음대로 처먹는 거고. 아마 본토도 그럴 거야.

공산당의 가장 큰 원망은 말이야, 권력을 잡고 행정에 스며들어가서 처먹고 싶은 거지. 뭐, 공명당은 먹고 있지만 말이지. 공산당은 아직 처먹어본 적이 없으니. 오키나와에선 처음 먹고 있지만 말이야.

결국 그들에게 있어 미군기지 문제는 둘째인 거지, 오키나와 기지 문제는. 그냥 중앙 정권을 뒤집기 위해 하고 있는 거야. (오키나와 기지 문제를) 지렛대로 이용하고 있는 거지. 나는 그렇게 봐. 그래서 내가 "빵" 하고 터져버린 거야. 그런데 별로 응원받지 못했지.

오키나와현지사 출마 당시, 키나 쇼키치는 오나가 다케시의 헤노코 반대는 진심이 아니라며 반발했다. 그의 말처럼 그는 별로 응원받지 못했다.

돌 그건 정말로 힘들 것 같습니다. 혼자인 기분이니까요.

키 괜찮아. 보이지 않는 건 어쩔 수 없으니까. 그래도 그런 것들과 싸워왔기에 이렇게 인터뷰를 하러 찾아오는 사람도 있잖아. 그렇다고 오키나와 운동가들이 은원을 마음에 두고 활동하는 걸 난 반대하진 않아. 다만 마음속에 평화를 품고 있지 않으면 의미가 없어.

평화 없이 해묵은 감정만으론 마음이 전해지질 않아. 마음속에 평화가 있다면 평화운동을 해야지. 하지만 오키나와의 평화운동은 제물이 없으면 타오르질 않아. 강간당한 소녀라든가, 살해당한 소녀 같은 제물이 없으면 타오르질 않는 거야. 그래선 안 돼.

애당초 이런 일이 없이도 운동이 타올라야 마땅하지. 이게 바로 운동권이 잊어버린 점이야.

마츠오 카즈히코(마)   정말 고개를 숙이게 되는 부분이, 오키나와를 일본에 알리려 하고, 오키나와의 특성을 강조하면서도 한편으론 방금과 같은 문제점을 지적하시는 점입니다. 오키나와에는 가해자가 없는가 하는 것은….

그동안 인터뷰를 주시하던 마츠오가 처음으로 입을 열었다.

오키나와, 미군기지 그리고 정치

키 당신네도(일본 본토인) 미군기지에 쓸 땅을 빌려준 대가로 돈을 받았으니, 일단 가해자 의식을 갖게 해놓고 한 패로 받아들인다는 교묘한 함정이 있어. 운동권의 교묘한 함정이랄까.

하나 내가 떠올리는 건 한민족 안에 '한恨'이라는 철학이 있거든. '한' 말이야. 다들 거기서 끝장 내버리고 있는데 실제로는 하나 더 있거든. '사이'라는 철학. 이건 겹쳐 있는 거야. '한' 하고 '사이'가 있단 말이지. 이 '사이'가 있으니까 '한'을 살릴 수 있어.

돌 아. 무슨무슨 사이 할 때 그 '사이'인가요?

키 '사이'를 잊고 '한'만 있다면 단순한 은원만 남게 되지. '한'을 잊은 민족의 정체성 역시 의미가 없어져.

중국, 러시아, 일본에게 그렇게 역사적인 강간을 당한다면 '한'이 남아 있는 게 당연하지. 하지만 동시에 한을 넘은 깊은 인류애도 필요해. '사이'가 있음으로 '한'이 산다고 난 믿어. 이게 없으면 안 돼. 어디에나 통용되는 문

2부 일본에서 키나 쇼키치를 만나다

제야. 일본이든, 오키나와든.

'한', 즉 '역사'를 잊은 민족은 정체성이 없어진다. 하지만 그것만 가지고는 좋고 싫음의 문제만 반복되므로 '평화'를 바라는 마음을 가지고 가야한다,라는 그의 지론.

키 문화가 선두에 서는 게 좋아. 음악은 가장 전하기 쉬운 표현이야. 음악은 말이지, 얼음, 물, 기체로 설명하자면, 지성 있는 머리는 얼음의 구조와 같아. 실체가 있지만 비중이 낮지. 물은 비중이 좀 있지만 실체가 어정쩡해. 기체는 비중이 극히 낮고 실체도 없어. 음악은 이 셋을 모두 쓰는 거야. 말이 가진 힘, 문자가 가진 힘, 소리가 가진 힘.

내가 (이 힘으로) 조선 민족의 '사이'에 도움이 되면 좋겠어. 지구 규모, 인류 규모의 '사이'로 발전하기를. 이게 내가 말하고픈 메시지야.

오키나와, 미군기지 그리고 정치

핵,
야스쿠니 신사,
위안부, 독도

죽지않는 돌고래(돌)　정치를 하는 동안 행복했던 적이 한 번도 없으셨나요?

　　키나 쇼키치(키)　아니, 난 항상 행복해. 행복하지만 달성감이 느껴지지 않아. 매번 실패만 하니까. 실패의 연속이야.

　　왜냐하면 완성품이라는 게 내 안에 있거든. 근데 거기에 도달하지 않는 거야. 작품에 대해서도 상대방은 "이야, 대단하다!" 하고 말하는데 나는 "잠깐 잠깐, 거기가 미비했어"지. 완성 단계까지 갈 수 있어야 돼,라고.

2부 일본에서 키나 쇼키치를 만나다

아직 평화가 오지 않았으니까. 진짜 평화가 와야지 나는 만족할 수 있을 것 같아. 가령, 북한과 남한 양측이 납득하는 형태로 맺어지고, 세계가 평화의 길에 참가할 수 있다면, 더 이상 기쁜 일은 없는 거 아닌가. 더 이상 바랄 게 없지. 역시 이쪽을 원하는 게 좋지. 일본도 그걸 진정으로 기뻐해주는 나라가 되었으면 해.

일단 동아시아에 평화가 찾아와야, 중국과 미국이야 어쨌든 세계 평화를 이룰 수 있지 않겠나? 아무래도 걔네들은, 그러니까 중국이든 러시아든 미국이든 괴물이거든. 그러니 일단 내버려두고, 동아시아에 평화를 이루어야 해. 작은 곳에서부터 시작하면 돼.

돌 낙선하신 뒤로 정치에 단 한 번도 돌아가고 싶다고 생각한 적 없다고 말씀하셨지만, 돌아가게 될 경우라는 건 생길 수 있지 않을까요?

키 딱 하나 남겨 버린 게 있네. 핵무기금지조약 말이지. ICAN International Campaign to Abolish Nuclear weapons(핵무기폐

핵, 야스쿠니 신사, 위안부, 독도

기국제운동)이 UN을 통해 기득권, 기득권이라 함은 미국, 러시아, 중국, 프랑스, 영국인데, 있잖나, 상임이사국이라고.

이들 기득권 국가들을 내팽개치고 핵무기금지조약을 내세웠잖아, UN이. 이건 용기 있는 거야. 웬만하면 일본이 먼저 손을 들었어야 된 거지. 그치? 망설이는 거야.

2017년 7월 7일, UN에서 핵무기금지조약이 채택됐다. 유엔 가맹국 193개국 중 122개국이 찬성표를 던졌으나 미국을 포함한 핵무기 보유국은 전원 불참했다. 미국의 핵우산 아래에 들어 있는 한국도 마찬가지다.

일본은 핵보유국과 비보유국 사이의 의견 차이를 이유로 불참했다. 유일한 원폭 피해국으로 오랫동안 핵무기 반대를 주장하다 불참 선언을 해 내외부적으로 비난받았다.

키 내가 만약 돌아간다면 일본이 핵무기금지조약에 참여하길 거부할 때 (참여하라고) 협박하기 위해서겠지. 어떤 식의 협박이냐 하면, 오키나와 독립이지. 일본이 평화의 길을 거부한다면 난 오키나와 독립에 일생을 걸겠다고. 마음속으로 그렇게 맹세했어.

하지만 일본이 깨어난다면 난 주저 없이 일본을 위해 최선을 다할 거야. 그런 의미에서 오키나와는 유일하게 협박할 재료를 갖고 있는 셈이지. 협박이라고 하긴 좀 그렇지만. 들어주지 않는다면 우리는 독립하겠다, 나는 목숨 걸고 투쟁하겠다란 거지.

난 진심으로 목숨을 내던질 각오가 되어 있어.

내게도 그리 보인다.

돌 이전에 야스쿠니 신사에 관한 이야기를 나누었는데요. 당시 대화에서 제가 느낀 건 선생님은 세간에선 이게 정의니 이렇게 해야 한다,라는 느낌의 분이 아닙니다. 세간의 평이야 어쨌든 자신만의 규칙이나 룰을 벗어나는 걸 용납하지 않는 느낌이죠.

해서 야스쿠니 신사, 독도, 위안부 문제에 대한 의견을 좀 더 듣고 싶습니다.

키 야스쿠니 신사는 말이야, 아직 텐노조차도 참배하지 않고 있어. 그 문제는 제쳐두고라도, 야스쿠니 신사 문제의 가장 근본적인 원인은 관군과 적군으로 나눠 구별하고 있다는 점이야.

메이지유신 당시, 메이지 신정부 측 군을 '관군'이라 했다. 일본 속담에 '이기면 관군勝てば官軍'이라는 표현이 있는데 '어쨌든 간에 이기면 정당성이 부여된다'는 뜻으로 사용된다.

야스쿠니 신사는 일본 전체를 진혼鎭魂(망자의 넋을 달래고이 잠들게 함)하고 있는 게 아니야. 진혼이라는 이름을 내세우고 있지만 너무나 불완전한 진혼 시설이지.

백호대의 유골들도 마구잡이로 흩어져 있고, 사이고 다카모리한테도 아직 공양 못 하고 있잖나.

백호대는 1868년, 메이지유신의 신정부군과 도쿠가와 막부를 지지한 동북부 여러 번의 연합군 간에 일어난 아이즈 전쟁에서, 아이즈번 측이 조직한 17세 이하의 소년들로 구성된 부대다.

아이즈번이 항복하자 전사자와 포로를 제외한 대부분의 대원들이 신정부군의 포로가 되길 거부하며 자결했다.

키 그럼 메이지유신은 대체 뭐였냐는 거지. 메이지유신은 방금 말했듯 문명개화고 부국강병이었지. 당시에는 선진적이었을지 모르지만 현재의 시각으로 본다면 그건 단순한 전쟁의 문명에 불과했어.

난 사이고 다카모리처럼 생각해봤어. 사이고는 정한론자로 알려져 있지만 실상은 그렇지 않아. 그는 일본과 한국, 오키나와에 공통된 혼이 있지 않을까 생각했어.

사이고는 민중혁명이야말로 진정으로 변화에 필요한 것이라고 보았던 거야. 오키나와나 아마미 제도 사람들과도 만나 일본과는 전혀 다른 생활을 하고 있던 사람들을 봐왔지. 사이고는 일본 역사의 금기를 열어젖히려 했어. 그런 것들을 느꼈을 때, 야스쿠니 신사 문제를 해결하려면, 나라를 제대로 진혼하기 위해 문화력을 가진 사람이 선두에 서야만 해.

가토 기요마사 같은 경우엔, 조선 민족을 납치해 노예로 오키나와에 팔고 오키나와 사람을 왜구랍시고 조선에 넘겨 보상을 받아 챙겨 돈을 벌었지. 정말 많은 일이 있거든. 그러니 깊은 역사의 심층을 들여다보고, 인종을 뛰어넘을 수 있는… 인류가 나서지 않으면 풀기 어려운 문제야. 이미 인류의 문명은 한계에 다다라서 이젠 전쟁밖에 남아 있지 않단 말이지.

이 문제를 뛰어넘기 위해서는 아시아인들이 시작해야해. 베트남이나 중동, 아프간, 파나마처럼 전쟁할 겁니까,라고 시험받고 있다고 볼 수 있지.

돌 한일 양국에서 또 이슈가 되는 문제가 있지요. 위안부와 독도입니다.

키 위안부와 독도 문제는 분리해서 생각하는 게 좋아. 오히려 센카쿠 열도(대만 섬과 오키나와 제도 사이에 있는 무인도와 암초로 이루어진 제도. 중국과 일본, 대만이 각각 영유

권을 주장하고 있으며, 현재 일본이 실효 지배하고 있다)와 다케시마를 함께 보는 게 좋지. 일반적인 주민이 살고 있는 것도 아니니 센카쿠 열도와 독도는 UN 신탁통치에 맡기는 게 좋아. 국경을 없애기 위해서라도.

그가 독도나 센카쿠 열도를 유엔에 맡기자는 이야기는 모든 국경을 없애고 싶다, 라는 관점의 연장선이다. 물론, 한국인으로선 받아들이기 힘들다.

키 위안부 문제는 일본이 역사적으로 인도적이지 못한 일을 한 거야. 위안이라고 이름 붙였지만 강간이잖나. 남성에게도 자국의 여성을 외국인으로부터 지키지 못한 굴욕이었던 거야. 중요한 건 외교적인 관점에서, 징용공 문제도 포함해 왜 일본이 위안부 문제를 해결하지 못했는가를 생각해야지. 과거 징용공의 배상(1965년 한일청구권협정)에 관한 조약을 체결한 게 박정희 정권이었지.

일본은 사토 에이사쿠 총리 때다. 아베에게 지대한 영향을 끼친 외조부인 기시 노부스케의 친동생이기도 하다.

비핵 3원칙(핵무기는 갖지 않고, 만들지 않고, 반입도 않는다)을 공식 표명해 노벨 평화상을 받았으며 오키나와 반환 협정을 성사시킨 공이 크다. 그가 죽은 지 35년 뒤인 2009년 12월, 유사시 오키나와로의 핵 반입을 허용하는 닉슨 대통령과의 핵 밀약이 담긴 극비문서가 공개돼 파장이 일기도 했다.

키 박정희 정권은 독재정권이었잖아. 독재정권이 일본과 조약을 맺고 일본이 다 배상했다고 하지만, 피해를 본 사람은 모두 반대했지. 실제 식민지로 인해 피해를 본 사람들에겐 배상금이 전해지지도 않았어.

돌 자세히 알고 계시군요.

키 돈이 전혀 안 갔지. 그게 문제인 거야. 그러니 박정희 정권을 세운 한국의 약함. 그리고 그것을 이용한 일본의 잘못. 양쪽 다 들여다봐야 해. 그런 말을 할 수 있는 건 나밖에 없지. 일본 사람이 그런 말을 하면 욕만 먹을 것이고, 한국 사람이 해도 마찬가지지 않겠나. 내가 해야 사람들이 그런가, 하고 들어줄 거란 말이지.

돌 선생님 말씀을 듣다 보면 아베가 싫어할 거란 생각이 드는군요. 우익 쪽에서 해코지를 당하진 않을까요?

키 나는 내 생각을 주장할 뿐이야. 그리고 창규 씨, 사실을 그대로 말하는 편이, 신이란 존재가 있는지 모르겠지만, 그 편이 좋아. 내가 혹시 잔머리를 굴리려 하더라도 창규 씨는 금새 다 알아차릴 거야. 흥정하지 않는 편이 나아.

돌 제가 선생님을 좋아하는 이유도 그것이지요. 말뿐이 아니라 그 말을 실행하면서 일직선으로 살아왔으니까요. 본인의 말대로 살아왔다는 건 거짓말이 아니란 뜻이니까요.

핵, 야스쿠니 신사, 위안부, 독도

키 심플하게 세상을 바라보면 돼. 컴퍼스를 가지고 심플한 상황을 만드는 거지. 그리고 거기서 조금씩 늘려가는 거야. 그럼 점점 원이 커지겠지.

interview 07

꿈은 같다

죽지않는 돌고래(돌) 여전히 DMZ(비무장지대)에서 공연하

시는 게 꿈입니까?

> **키나 쇼키치(키)** 당연하지. 그것만 기다려왔는데. 시켜만
>
> 준다면 "정말 이 순간만 기다렸습니다." 하고 바로 뛰쳐
>
> 나갈 준비가 돼 있어.

돌 이전에 그 말씀을 들었을 땐 과연 가능할까, 하고 의

심했어요.

키 전엔 억지로 하려고만 했었지. 그런데 다들 위험하다고 했고, 곧 전쟁이 난다고만 했거든. 그러니 '당신 좀 이상한 사람이야'라며 날 붙잡아 막으려고 했어. 그러니 지금껏 기다려온 거지.

돌 일 년 반 정도밖에 지나지 않았는데, 지금은 정말로 가능하지 않을까 생각될 정도로 상황이 변했어요.

키 사람은 어중간해서는 깨어나질 않아. 정말 지옥이 가까워졌다고 느껴야 천국을 갈망하기 시작하지. 그런데 그게 조금만 늦어도 지옥이 돼버려. 베트남이 그랬고, 지금 중동 또한 마찬가지지. 그러니 아시아에서는 지옥이 오기 전에 선수를 쳐야만 해. 그게 오늘 나눴던 이야기의 핵심이야.

돌 앞으로의 계획은 어떻게 됩니까?

키 한국과 북한이 손을 잡고 세계가 ICAN에 동참하는 것. 그렇게 되면 중국이든 일본이든 어쩔 수 없을 거야.

돌　때가 되면 분명 DMZ에 공연하러 오실 거라 믿습니다.

키　불러 주기만을 기다리고 있어. 트럼프는 재선 전에 북한 문제를 이용하려 들 거야. 그때 한국이든 북한이든 감정적으로 대응해선 끝장이야. 참아야 해. 참는 법을 배워야 해. 어떤 일이 있더라도 참아야지. 전쟁이 일어나면 가장 큰 지옥을 겪게 되는 게 조선 민족이니 말이지. 오키나와도 일본도, 어떤 일이 있더라도 위협이 되게는 하지 않을 테니까. 그게 내가 할 일이지.

마츠오 카즈히코(마)　이 와중에 대단히 죄송하지만, 선생님께선 우익인지 좌익인지 꼭 여쭈어보고 싶습니다.

키　우익들은 날 좌익이라고 말해. 좌익에선 날 우익이라 부르지. 난 우익도 좌익도 아닌 사이좋음이야. (웃음)

꿈은 같다

돌 (웃음)

　일본어로 우익이 '우요쿠右翼', 좌익이 '사요쿠左翼'인 점을
이용한 위트다. '사이좋게'는 일본어로 '나카요쿠仲良く'다.

　　　키 　왼쪽으로 가든 오른쪽으로 가든 결국 한가운데로 돌
　　아오게 돼 있어. 그래서 난 한가운데야.
　　　아 참, 한 가지 깜짝 뉴스가 있는데, 내가 요즘 신곡을
　　만들고 있어.

돌 　아하, 그래서 여기 계셨던 거군요? 제목이 뭔가요?

　　　키 　난 오키나와 음악을 기반으로 해왔지. 일본 음악은
　　한 번도 해본 적이 없어. 이번엔 완전히 일본 음악을 만
　　들어 봤어. 제목은 〈후지산〉.

돌 　〈후지산富士山〉입니까? 〈하나花〉 때는 좌익, 이번엔
우익이라는 말 들으시겠네요. (웃음)

키 최근 들어 알게 됐어. 좌익들의 위선도 봐왔지만 우익들의 욕구불만은 말이지, 어휘가 모자라서 문화적 차별을 받고 있다고 생각하고 있는 게지. 내가 이걸 좀 어떻게 해주고 싶어. 〈후지산富士山〉과 〈하나花〉를 함께 가지고 말이지.

돌 언제 나오나요?

키 9월 4일 발매 예정이야. '텐노(천황)'를 뛰어넘을 상징은 일본에선 '후지산'을 빼고는 생각할 수 없지. 나는 텐노'가家'와 텐노'제도制度'를 따로따로 생각해. 여긴 여기 민족에게 맡기면 돼. 난 우리 민족이 따로 있으니까.

키나 쇼키치는 오키나와 사람, 즉, 류큐왕국의 후예이기에 자신을 야마토 민족(여기서는 일본 본토의 민족을 뜻함)이라 생각하지 않는다. 고대로부터 야마토 민족을 다스려온 '텐노'가에 대해서는 그들의 문제이니 그들에게 맡기면 된다는 뜻이다.

꿈은 같다

마 그렇게 명쾌하게 결론 낼 수 있는 게 대단합니다. 그런 생각은 좌익 입장에서 보자면 "그건 좀 아닌데"라고 할 거고, 오른쪽에선 "평화운동 같은 건 좀…." 이렇게 돼버리니까요.

키 나한텐 그게 내 정체성이니까. 자네들의 정체성과 나의 정체성, 어디가 맞을지는 알 수 없지. 한국과 일본이 정체성 논쟁을 한다면 그것도 어디가 어떻게 맞을지 알 수 없지.

돌 선생님의 정체성은 외로워질 운명입니다. 좌익도 우익도 같은 편으로 봐주지 않으니까요.

키 한번 생각해봐. 과거 천동설은 지구가 중심이라는 이론이잖아. 어느 날, 관측을 하다가 지구가 아니라 태양이 중심이란 걸 알게 됐지. 또 현재의 천문학자들은 태양이 중심이 아니란 걸 알게 됐어. 은하도 있다는 걸 알게 됐고 말이지. 이 우주도 말이지 900억 광년이란 엄청난

크기지만 한계가 있잖아. 나이도 대략 138억 년이라 정해져 있고.

하지만 이게 또 언제 뒤집어질지 알 수 없지. 그렇다면 이게 무슨 뜻이냐. 결국 우주는 무한하다는 거야. 보이지 않는 어떤 한 점을 특정할 수 없다면 어디든 중심이 될 수 있지. 이 우주는 모든 곳이 중심이며 특정한 하나의 중심은 없다는 뜻이야.

그러니 정체성이란 건, 모두가 중심이 되면 되는 거야.

꿈은 같다

interview 08

인터뷰 후:
천국과 지옥의
재료는 같다

키나 쇼키치(키) 오늘 재밌었나? 금방 심각한 이야기가

튀어나오긴 했지만 너무 심각하게만 하지 않으려고 신

경 썼어.

죽지않는 돌고래(돌) 저 역시 딱딱한 사람과 대화하는 건

질색입니다. 한국에서도 느꼈지만 선생님과 대화는 무척

즐겁습니다. 대화가 즐거운 것, 그게 최고지요.

키 이야, 기쁘구먼. 입 다물고 가만히 있으면 전쟁 하는

2부 일본에서 키나 쇼키치를 만나다

국가가 되어버리잖아. 전쟁을 하면 남에게 피해를 줄 뿐 아니라 자신에게도 돌아와. 현실은 지옥이 되어버리지. 그러니 내가 오키나와에서 〈하나花〉를 부르고, 중국에서도 그렇고, 한국에선 〈아리랑〉을 부르는 거지.

창규 씨. 내가 조선 민족을, 아니, 코리아 민족이라 하는 편이 좋으려나? 조선이란 단어를 싫어하는 한국분도 있을 테고 북조선과 헷갈리기도 하고. 코리아라고 하는 게 낫겠군.

어쨌든 내가 할 일은, 무슨 일이 있어도 외부에서 남한과 북한이 싸우는 걸 막는 거야. 서로 싸운다면 그야말로 그로테스크해질 뿐이니까. 그걸 막는 일인데, 어떻게 극복할까는 역시나 조선 민족이 가진 역사, 문화… 문화란 게 대단하잖아.

한국엔 '한'의 문화도 있지만 '사이' 문화도 있지 않나. '사이'라는 건 참 아름다운 거야. 그러니 '사이' 문화를 잘 지켜서 '한'을 받아들이는 게 중요해. '한'을 멈출 수는 없어. 하지만 받아들일 수는 있지. '사이' 문화라면 가능해. 난 그걸 돕고 싶어.

인터뷰 후: 천국과 지옥의 재료는 같다

그래서 '한'과 '사이' 사이에 초대받고 싶어. 정말 날 불러주었으면 좋겠어. 분명 오키나와는 좋은 교섭 파트너가 될 거야.

오키나와엔 아무것도 없거든. 돈도 없고 무기도 없어. 있는 거라곤 긴 역사의 우호뿐이지. 일본과 한국이 대화를 한다면 철저하게 해 나아가야 한다고 봐. 가감 없이 대화할 수 있도록 말이지. 어떤 순간이 오면 그건 오키나와 없이는 힘들 거야. 서로 불만이 나올 수 있으니 중간에서 조절하는 역할이 필요하지.

그러니 내가 가야 해. 그리고 온 세계에 권유하는 거야. 어떤 일이 있어도 전쟁만은 하지 않도록. 미국도 물론이고.

중국은 오히려 바랄 거야. 러시아도 찬성할 거고. 미국만이 변수인데, 트럼프가 있잖아. 글로벌리스트들은 사실 센카쿠 열도를 이용해 전쟁을 일으키려고 했어. 트럼프는 그들의 반대쪽에서 나타난 인물이라 의외로 쓸 만한 카드를 가지고 있을지도 몰라.

천국은 지옥과 같은 재료로 만들어지지. 재료는 다르

지 않아. 한 가지 다른 게 있다면 사랑이지. 결국 천국과 지옥은 이미 만들어진 다음, 마지막으로 작동 스위치를 누르는 사람이 어떤 마음이냐에 달린 거야. 마지막에 천국으로 생명을 불어넣으면 지옥은 나오지 않아. 그러니 생명을 불어넣는 작업을 우리가 해야지. 전쟁이 일어날 것 같을 때, 최선을 다해서 말이지.

그러니 부디 날 38도선에 불러줘.

인터뷰 후: 천국과 지옥의 재료는 같다

부록

키나 쇼키치 연보

주요 앨범
주요 서적

키나 쇼키치 연보

1948년 6월 10일(0세)

― 키나 쇼에이, 치요의 4남으로 미군 점령하의 코자(오키나와)에서
태어났다.

아버지에게 안겨

키나 쇼키치 연보

태평양전쟁이 끝나고 3년, 전흔이 그대로 남아 있어 오키나와 전체가 빈곤에 시달리던 시대였다. 2살 때 아이스캔디를 먹다 감염되어 죽을 뻔했다. 쇼키치가 기억하는 가장 오래된 기억은, 산신 연주에 몰두하는 아버지의 모습이다. 자애로운 어머니와 음악에 대한 열정이 가득한 아버지에 둘러싸여 지낸 유소년 시절이 행복감의 원점이었다.

1955년(6세) 시마부쿠 소학교(초등학교) 입학

— 소학교에서 입학 통지가 왔으나 입을 옷과 신발조차 없었던 탓에 학교에 가지 못했다. 선생님이 등교하도록 설득해 뒤늦게 가을부터 학교에 다니기 시작했으나, 교과서를 살 돈이 없어 교과서 없이 학교에 다녔다. 그 후 한 살 많은 이웃의 형에게 교과서를 받았으나 소학교 5학년과 중학교 1학년 때 역시 같은 상황이 반복된다.

학교에 다니기 전까지는 오키나와어만 말할 수 있었으므로 일본어를 이해하지 못했다. 동물의 그림을 보고 이름을 써넣는 일본어 시험에서 오키나와어로 답을 써서 교사들을 곤란하게 만들기도 했다.

🎤 키나 쇼키치 공식 웹(http://www.champloose.co.jp/history) 참조.

1961년(12세) 시마부쿠 중학교 입학

─ 소학교 시절부터 시작한 신문 배달을 빠지지 않고 계속한다.
번 돈을 부모님께 드렸을 때 기뻐하는 모습이 가장 행복했다.
재학 중 학교 이름이 모모야마, 그리고 다시 야마우치로 변경
되고 학교도 이전한다. 고등학교가 존재한다는 것조차 모른
채 매일 들과 산에서 뛰어놀았다.

1962년(13세) 〈하이사이 오지상〉 작곡

─ 눈동냥으로 익힌 산신을 연주하다 의도치 않게 멜로디를 입으
로 불렀다. 멜로디가 허밍으로 저절로 흘러나와 가사를 붙였
는데, 그것이 음악가로서 출발점인 〈하이사이 오지상〉이다. 고
등학교 시절 작곡한 것으로 알려진 이 노래는 사실 13세였던
중학교 시절 만든 곡이다.

1964년(15세) 류큐정부부속 후텐마 고등학교 입학

─ '좋아하는 여학생과 같은 학교에 다니고 싶다'라는 단순한 이
유로 처음으로 공부를 시작, 현 내에서도 입시 학교로 잘 알려
진 후텐마 고등학교에 입학했다. 입학 후에는 공부에 재미를
붙여 2학년 때는 전교 1등을 하기도 한다.

키나 쇼키치 연보

1967년(18세)

― 고쿠사이대학(현 오키나와국제대학) 입학. 참프루즈 결성.

입학은 했으나 학원투쟁이 한창이던 학교는 혼란스러웠고, 조용히 수업을 받을 수 있는 환경이 아니었다. 가을 학교축제에서 공연을 하려고 친구, 형제들과 함께 참프루즈를 결성했다. 밴드 이름은 멤버가 형제와 친구로 믹스되었다는 것과, 민요와 록, 포크 등 여러 세대가 모두 받아들일 수 있도록 다양한 장르를 뒤섞은 매력의 음악을 추구했기 때문이다. 첫 무대에서는 역시나 〈하이사이 오지상〉이 열광적인 반응을 얻었다.

― 베트남 전쟁이 한창일 때, 전선에 나가면 살아 돌아올 보증이 없었던 미군은 그 공포심에 최후의 만찬을 즐기기라도 하듯 코자의 환락가에서 밤을 탐닉했다. 코자는 미군이 뿌린 마약 때문에 상상도 못 할 만큼 혼돈과 퇴폐의 거리로 변해, 그 황폐함을 닮아가기라도 하듯 젊은이들 역시 폭력과 퇴폐주의에 빠져들었다. 쇼키치도 술, 도박, 여자에 빠져들었다.

― 〈하이사이 오지상〉은 민중 사이에서 유행했지만, 기타 연주를 넣은 것은 민요의 타락이라며 민요계의 통렬한 비판을 받아야만 했다. 민요계로부터 음악을 인정받지 못한 불만으로, 그렇다면 자유로이 음악 활동을 할 수 있는 거점을 가져야겠다고 마음먹고 민요주점 '미카도'를 경영하기 시작한다.

미카도 앞에서

미군 지배 아래 당장이라도 폭발할 것 같은 오키나와 주민의 불만, 전장에 대한 공포와 황홀함을 동시에 가진 미군 병사 등 모든 감정이 꿈틀꿈틀 용솟음치는 코자에서, 미카도 안에서만큼은 오키나와인, 일본 본토인, 미군이 모두 벽을 허물고 함께 노래와 춤에 빠져들었다. 쇼키치는 음악이 사람들을 열광시키고, 춤을 추며 하나가 되는 공간을 만들었다. 1000달러로 집을 한 채 세울 수 있던 당시, 매출은 연일 1000~1500달러에 달했다.

키나 쇼키치 연보

1969년(20세) 〈하이사이 오지상〉 녹음·부친 쇼에이의 앨범에 수록

― 1969년 아버지 키나 쇼에이가 레코드를 수록할 때, 기념으로 참가, 〈하이사이 오지상〉을 수록했다. 아버지로서도 쇼키치를 세상에 알리고 싶은 생각이 있었다. 발매되자 이 노래는 예상보다 큰 반향을 일으킨다.

― 아게나 회관에서 첫 무대를 가진다. 구시카와시(과거 오키나와 본도 중부에 자리한 도시. 2005년 4월 1일, 인접한 이시카와시, 나카가미군 카츠렌정, 요나시로정과 합병해 현재의 우루마시가 되었다) 아게나 회관에서 열린 아버지의 TV 출연 공연을 함께하는 모양새로 키나 쇼키치 & 참프루즈는 첫 무대를 가졌다. 약 400명의 관람객 앞에서 〈하이사이 오지상〉을 부른다.

1970년(22세) 코자폭동

― 1970년 12월 20일 심야. 코자 시내에서 일어난 미군에 의한 오키나와인 뺑소니 사고를 시발점으로, 빈발하는 사건사고, 미군기지에 대한 분노, 일본 반환에 대한 불안 등이 폭발했다. 군중 수는 약 5000명 남짓, 미국인 학교 세 곳에 방화, 81대의 자동차가 불탔고, 양측 합해 80여 명이 다쳤다.

코자폭동에는 지도자나 민중을 이끄는 사람이 존재하지 않았다. 키나 쇼키치는 누군가에 의해 움직이는 것이 아니라, 한 사

코자폭동

람 한 사람이 스스로 일어섰을 때 나타나는 폭발력이 얼마나 강한지 몸소 느꼈다. 퇴폐한 권력을 무너트리는 것은 타인의 아픔을 자신의 아픔처럼 공유할 수 있는 다정함, 약자의 슬픔을 자신의 것처럼 실감할 수 있는 풍부한 감성, 그리고 마음속 깊은 곳의 신념을 지녔을 때만 가능하다는 것을 코자폭동을 통해 배웠다.

1972년 1월 24일(23세) 마약불법소지로 체포

— 퇴폐한 코자의 상징이었던 BC게이트 거리에서 친구로부터 헤로인을 건네받아 마약불법소지 용의로 체포되었다. 초범임에도 불구하고 검찰 구형 5년에, 실형 1년 6개월이라는 엄한 판결이 언도된다.

오키나와 반환 직전에 이뤄진 오키나와 마약박멸 철저화 정책의 시범 케이스에 걸린 것으로, 쇼키치는 오키나와현 '검사공소 제1호'가 된다. 1972년 5월 15일, 고향 오키나와의 일본 반환을 소베형무소(나하시)에서 구치된 채로 맞게 되었다.

코자에서 밤의 제왕이었던 생활이 뒤바뀌어 형무소 안에서 청빈한 삶을 살아가던 중, 여러 가지를 생각한다. 느긋하게 흐르는 시간 속에서 쇼키치는 다양한 책을 읽기 시작했다.

그중 쇼키치의 마음을 사로잡은 것은 민권운동가 샤하나 노보루(오키나와의 사회운동가. 오키나와 자유민권운동의 아버지)였다.

1972년 5월 15일(23세) 오키나와의 일본 반환

1973년(25세) 오키나와 형무소 출소

— 400일 만에 다시 마주한 세상. 쇼키치는 불가사의한 위화감을 느낀다. 1년 6개월 남짓한 사이 '류큐'는 '오키나와현'으로, 통화는 '달러'에서 '엔'으로, '미국 시대'는 '야마토 시대'로 바뀌어 있었다. 변화는 표면적인 것뿐만 아니라 문화와 사람들의 마음에까지 미치고 있었다.

— 출소 후, 너무도 변해버린 오키나와를 보고 고민했다. 정체성이 근본부터 흔들린 것 같은 느낌을 받았을지도 모른다. 이제부터 어떻게 살아야 할지 계속해서 고민했다. 그러던 차에 아내의 고향인 요나구니섬을 방문했다. 그곳에는 오키나와 본

도가 잃어가고 있던 아름다운 자연과 사람들의 마음씨가 옛날 그대로 남아 있었다. 일본 오키나와 최서단의 땅 '아가리자키'(요나구니섬 동부 곶 지형)에 섰을 때는, 소중한 것을 자연으로부터 배워 스스로 옳다고 믿는 길을 걸어가기로 결의했다.

— "쇼키치, 오키나와에는 반드시 이어가야 하는 '시마구와'라는 게 있네. 이걸 잊으면 오키나와는 끝장일세." 오키나와 토종 가축 보호운동을 하던 도예가 나고 히로아키와 첫 만남에서 나눈 대화였다.

'시마구와'라는 것은 본래 '순수한 것', '토종'이라는 의미가 있다. 그러나 중국, 사츠마(가고시마, 규슈), 야마토(일본 본토), 미국 등으로부터 차례로 침략당해 '오키나와'의 '시마구와'가 비하당하는 것으로 변질되어 오키나와 사람들은 '시마구와' 정신을 점점 잊었다. 당시의 대화에서 키나 쇼키치는 마음속에 있던 답답함이 사라지는 경험을 한다. 후에 그는 〈시마구와〉라는 곡을 쓴다.

— 쇼키치에게 '삶의 방향이 된 사람' 중 하나가 '긴만(오키나와 본도 동해안에 있는 만)을 지키는 모임'의 아사토 세이신(오키나와 출신 사회운동가)이다. 아사토는 환경 파괴를 이유로 긴만의 CTS(석유저장기지) 건설반대운동을 했다. 노래와 춤을 도입해 사람들에게 다가간 문화운동으로 마음의 중요성을 호소한, 오

키나와 주민운동 역사 중에서도 전환점이 될 만한 운동이었다. 키나 쇼키치는 아사토와의 만남으로 음악을 통해 운동에 참가하기 시작했다. 후일 인터뷰에서 이렇게 답했다.

"그런 투쟁의 장에서, 내 노래가 힘이 되었는지 어땠는지는 알수 없다. 다만, 어떻게 살아야 할지 모색하던 때, 아사토 세이신 씨와 같은 분과 만났던 것은 정말 행운이었다. 좀처럼 흔치 않은 순수한 마음을 가진 분이다. '어머니 같은 바다'라고 이야기한 아사토 씨는 어떤 마음으로 돌아가셨을까? 오키나와 사람들은 힘든 일을 몇 번이고 겪어왔으니까, 뒤에 남은 자들이 그 유지를 이어가야만 한다."

1976년(28세) 〈하이사이 오지상〉 공전의 히트

— 아버지와 함께 녹음한 〈하이사이 오지상〉이 싱글 레코드로 발매됨과 동시에 폭발적으로 팔리기 시작, 오키나와뿐만 아니라 본토에까지 인기가 퍼져 나간다.

— 출소 후 밴드를 재결성한다. 참프루즈 멤버로 키나 쇼키치 (11남매 중 넷째 아들)가 보컬과 기타, 동생인 오남伍男 키나 마사히로가 일렉 베이스, 나가마 타카오가 산신, 토야마 야스이치가 드럼, 거기에 쇼키치의 아내인 토모코와 동생인 사녀四女 사치코, 막내동생 쥰코가 참여했다. 미카도에서 매일 밤 라이브

공연을 했고, 관객들은 함께 춤추고 노래했다. 미카도만큼은 변함없는 쇼키치만의 공간이었다.

1977년(29세) LP [키나 쇼키치 & 참프루즈] 발표
나카노 선플라자 콘서트

— 키나 쇼키치 & 참프루즈는 본토 데뷔를 이룬다. 홈그라운드 인 민요클럽 미카도에서 오키나와 최초로 24인치 멀티레코더를 도입해 녹음했다. 이 앨범이 일으킨 반향은 심상치 않았다. 본토의 예능 저널리즘은 발매 전부터 소란스러웠고 서로 경쟁이라도 하듯 키나 쇼키치 & 참프루즈를 칭찬하는 기사를 써 댔다. 음악평론가 토미자와 카즈오는 앨범 발매 2개월 전인 9월 19일《도쿄쥬니치스포츠신문》지면에서 극찬했다.

"(키나는) 형식화되어 죽은 오키나와 민요를 되살려내고 싶다고 버릇처럼 말한다. 그의 노래의 장점은 강인함이 깃들어 있는 것이다. 그것이 어디에서 오는가 하면, 지성에만 기대는 형식을 따르지 않는 점이다."

— 키나 쇼키치 & 참프루즈의 본토 상륙 콘서트는 음악 업계에서 유명한 이야기다. 나카노 선플라자의 수용 인원은 약 2000명 이지만, 팔린 티켓은 단 '16장'. 그러나 콘서트 당일, 비가 내리는 날씨에 아랑곳없이 티켓 판매소에는 열광적인 팬들이 장

사의 진을 이루어 표가 매진되었고, 입석 관객도 나타난다.

공연도 분위기를 타서 피날레에 가까워지자 점점 고조되어 청중 모두가 일어서서 춤추고 노래하며 무대로 뛰어올랐다. 마지막에는 거대한 소용돌이처럼 되어 카챠시(오키나와 고유의 춤) 난무가 시작되었다. 키나 쇼키치는 선플라자 콘서트에 대해 이렇게 말했다.

"거기에 모인 사람들은 좌절하거나 낙오된 사람들이 아니었나 생각합니다. 1960~1970년대 안보가 좌절된 시대에 히피나 혁명가, 반문화적인 사람들이 방향성을 잃고 헤매던 시기였죠. 그때 그들의 마음이 위탁된 듯한 느낌이 들었습니다."

그 후 쇼키치는 차별 문제, 환경 문제, 반원전 문제, 히피운동, 인권 문제, 일용직 노동자 문제, 그리고 선주민족 문제 등 다양한 문제의 해결을 위한 활동에 참여했다.

1977년 12월(29세) 호사카 노부토(정치가, 교육 저널리스트)와의 만남

— '겐키지루시元気印(쾌활함을 최고로 내세우는 것)'라는 유행어를 만든 인물 호사카 노부토(교육 저널리스트 출신의 대표적인 진보지자체장. 전 3선 중의원, 현 세타가야구청장)와의 만남으로 쇼키치는 큰 전기를 맞게 된다.

호사카는 16년에 걸친 '내신서 재판'(코우지마치 중학교 내신서 사건의 재판. 고등학교 수험용 내신에서 자신의 사상에 밀접한 관련이 있는 외부 활동이 부정적으로 평가, 기재되어 있는 것을 학습권 침해라고 주장한 원고 호사카 노부토가 손해배상을 청구하며 제기한 행정소송. 원고는 사상, 양심을 평가 대상으로 삼는 것이 헌법에 의해 보장된 사상, 양심의 자유에 반한다고 주장했으나 대법원에 해당하는 최고재판소는 사상이나 신조 그 자체를 기재한 것이 아님이 명백하다며 상고파기, 원고패소 판결을 내렸다. 일본의 사법시험에도 나올 정도로 유명한 사건이다) 중에 류큐 열도 주민운동에 연대하고자 오키나와를 찾아 '시마구와'를 듣고 강한 충동을 느끼고 쇼키치의 집을 찾았다. 두 사람은 첫 대면이었으나 밤새도록 이야기를 나눴고, 그 후 일주일 동안 계속 이야기를 주고받았다. 서로를 자극하는 사이가 된 둘은 새로운 시대를 열기 위해 일본 전국을 돌며 각지에서 자발적인 콘서트를 개최했다.

1978년 7월(30세) 나나산마루

– 오키나와 본토 반환에 따라 33년간 지속된 우측통행이 하룻밤 사이에 좌측통행으로 바뀌었다. 나나산마루(7월 30일을 뜻함)로 불리는 교통 변환은 세계에서 스웨덴에 이은 두 번째 사례로, 사회적 비용이 60억 엔에 달했다.

7월 30일 '나나산마루 교통 변환' 당일, 오키나와에서는 버스가 언덕에서 추락하고 택시가 큰 사고를 내는 등, 직업 운전사들마저 사고를 일으켰다. 오키나와가 교통사고 지옥으로 변한 그날, 쇼키치는 도쿄의 히비야 야외 음악당에서 콘서트 중이었다. 무대 후반에 그는 객석을 향해 이렇게 말했다.

"오늘은 말이죠, 여기서 여러분이 즐기고 있을 때 사실 오키나와에서 죽어간 사람들이 있습니다. 도쿄 사람들이 '나나산마루'에 대해 무엇을 할 수 있을까 하면, 단 한마디, '나나산마루는 좀 아니지 않아?'라고 하는 것만으로 충분합니다. 배려가 있는 문화를 만듭시다."

1979(31세) '혼을 깨우는 여행'

— 호사카와 함께 오키나와 본도, 미야코섬, 이라부섬 등을 돌아보는 여행을 떠났다. 〈키나 쇼키치 특집, 혼을 깨우는 여행〉으로 월간지 《타카라지마》 별책에 실렸다. 100쪽에 달하는 이 기획은 한 사람의 아티스트를 대상으로 한 특집으로는 《타카라지마》 사상 최대 분량이었다.

1980(32세) 인도 방문

— 키나 쇼키치는 친구의 안내로 인도를 방문해 하레 크리슈나교

(신흥 종교. 힌두교의 일종)와 사이바바(사티야 사이바바. 성자로 알려진 인도의 종교 지도자)를 만났으나, 강의에서 큰 매력을 느끼지는 못했다. 반면 오쇼 라즈니쉬를 만났을 때는 달랐다.

"혁명을 말하는 사람은 많아도, 영혼의 에너지 문제를 이야기하는 사람은 없었다. 오쇼는 종교나 경전이 아니라 에너지 그 자체였다."

내면을 닦으면서도 사회가 안고 있는 문제에 대해 적극적으로 관여하려는 자세나, 저항으로서의 행동이 아닌 포용과 변화의 세계를 배웠다고 한다. 화합의 방법이 '축제'임을 실감한 그는 우선 오키나와에서 못다 이룬 일, 오키나와에 축제를 개최하겠다고 결심한다.

쇼키치는 오키나와 문화를 탐구하던 중 고전 탄스이류(류큐 고전음악 3대 유파 중 하나)를 부흥시킨 세이힌(일본의 음악학자, 오키나와의 음악가)의 존재를 알게 된다. 야마우치 세이힌은 구전으로 내려오던 류큐 음악곡에 최초로 오선보(다섯 줄의 평행선과 음표를 사용한 기보법)를 도입했으며, 많은 류큐 고전민요를 수집해 전승기록으로 남기고 세계 각국을 돌며 류큐 음악을 선보이며 소개한 인물이다.

야마우치 세이힌이 아직 살아 있음을 알게 된 쇼키치는 수소문 끝에 그를 찾아낸다. 세이힌은 노쇠하고 병들어 작은 양로

원의 조잡한 침대 위에 누워 있는 상태였다. 쇼키치는 세이힌이 죽기까지 2년간 그의 몸을 마사지하거나 차 수발을 하는 등 간호를 해가며 가르침을 받는다.

1980년 11월 16일(32세) 제1회 우루마 축제 개최

— 오키나와 문화, 산업, 정신을 소중히 하자는 취지로 '우루마 축제'를 개최한다. '우루마'는 류큐 이전의 옛 호칭으로, 국경 없이 평화롭고 자유롭게 자연과 함께 살던 시대를 가리키는 말이다.

매몰된 오키나와 문화를 다시 발굴해 선조들이 남긴 문화유산을 어떻게 계승해갈 것인가에 대해 생각해보는 축제였다. 지역 청년회, 문화인, 정치가, 종교인, 일반인들이 참가해 각자의 입장에서 선조들이 남긴 문화유산에 대해 이야기하는 심포지엄, 지역 토산품 판매, 에이사(오키나와 전통 예능의 하나로 지역 청년회마다 조금씩 다른 형태를 띠며 음력 추석 밤에 지역 내를 춤추며 걷는 문화행사), 고전, 오키나와 연극, 노래와 춤, 아이들 놀이, 영화 등 다채로운 행사를 즐겼다.

1981년(33세) 첫 홋카이도 공연

— 1980년 10월, 우루마 축제를 계기로 부활한 오키나와시 히가

구 청년회 에이사 멤버들과 함께 자발적인 콘서트를 기획하고 홋카이도로 건너간다. 콘서트는 대성공으로 끝났으나 사실 쇼키치의 진짜 목적은 아이누 제사 의식인 '샤크샤인 축제'에 참가하는 것이었다. 그러나 중개인과 아이누 대표 간에 의견이 맞지 않아 허락받지 못하고 축제에서 에이사를 알리려던 계획도 무산된다. 복잡한 심경으로 홋카이도를 떠났다.

1982년(34세) LP [마츠리] 발매

– 야노 마코토가 프로듀싱한 [마츠리]를 발매한다. 라이브로 모든 것을 표현해온 쇼키치에게 레코드 제작 자체가 매우 고통스러운 일이었다고 한다.

– 오사카 미도회관과 도쿄 쿠단회관 두 군데의 라이브를 수록해 [더 셀레브레이션즈 라이브]를 발표했다. 쇼키치는 이 앨범을 마지막으로 메이저 레이블에서 사라진다. 데뷔 때의 충격과 그 후의 선풍적인 활약으로 언론의 주목을 받았으나 음악 업계와는 거리를 두기로 한다.

몸을 감추었다고는 하나, 쇼키치의 활동은 이전에 비해 더욱 정력적으로 변했다. 소비를 위한 음악이 아니라 몸속에서부터 끓어오르는 음악을 만들기 위해 오키나와 민족문화의 원류를 탐구하기 시작한다.

1985년(37세) 쿠다카지마에 집을 빌리다

— 아마미키요, 시네리키요라고 하는 류큐의 조상신이 최초로 내려온 곳으로 알려진, 류큐 건국 신화에 연관되어 신의 나라라고 알려진 남부의 외딴 섬, 쿠다카지마. 예로부터 택지 이외의 토지는 모두 섬의 공유지가 되어 마을 밖으로부터 이주는 불가능하다고 알려진 공동체 시스템이 지금도 남아 있는 섬이지만, 쇼키치는 거기에 집 한 채를 빌려 반년을 산다.

— 이때, '마을세우기, 섬세우기, 우루마 세우기는 쿠다카지마부터'를 테마로 제1회 니라이카나이 축제를 개최. 과소화(지역 인구가 감소하여 사회 시스템이 종래의 수준을 유지할 수 없게 되어 주민이 여러 가지 생활상의 불편을 회피할 수 없게 되는 상태)가 진행 중인 쿠다카의 장래를 염려한 섬사람들과 함께, 축제를 일으킨다. 쿠다카의 문화유산을 어필함과 동시에 섬의 생활화를 꾀할 생각이었다.

1986년(38세) 필리핀 마닐라 네그로스섬 지원 콘서트

— 필리핀 현지의 민중문화 운동그룹으로부터 '아시아의 외침'을 주제로 해 기아로 고통받는 네그로스섬 주민 구제를 위한 자선 콘서트에 출연을 요청받는다. 계속되는 정치적 변화 속에서 문화적 정체성을 확립하기 위한 이벤트였다.

출연자는 현지 필리핀의 죠이 아라야 외 태국에서 〈하나花〉를 부른 카라완 등이었다. 일본에서는 쇼키치 외에도 코무로 히토시(포크송 가수), 토모베 마사토(포크송 가수, 시인), 토요다 유키조(싱어송라이터) 등이 참가했다.

1987년(39세)

— 〈하나花〉가 동남아시아 여러 나라에서 많은 사람에게 애창되고, 태국에서의 커버곡은 8주 연속 히트차트 1위를 독점한다. 미국에선 인기 록그룹이 우치나구치(오키나와 말)로 〔하이사이 오지상〕을 레코딩해 미국과 영국에서 동시에 발매했다.

— 제2회 우루마 축제를 개최했다. '평화와 자연을 지구에'라는 주제로 9일간에 걸쳐 오키나와가 '평화롭고 풍요로운 섬'이었던 우루마 시대를 되살리기 위해 많은 행사를 열었다.

1988년(40세) 생명의 축제

— 쇼키치는 1970년대 후반부터 1988년 8월 8일 축제를 연다는 목표를 세우고 호사카와 친구들과 함께 일찍부터 움직이고 있었다. 그 결실이 지금도 뉴에이지 운동에 큰 족적을 남긴 이벤트 '생명의 축제'였다.

축제 장소가 나가노현 야츠가타케로 결정되었고, 축제의 제목

도 '야츠가타케, 생명의 축제'로 정해졌다. 1988년 8월 8일에 야츠가타케八ヶ岳의 8을 더해 5개의 8이 들어간 축제가 되었다. 'NO NUKES ONE LOVE'를 내걸고 실행위원회가 결성되어 '자연과 생명의 존엄함을 생각한다'는 주제로 8월 1일부터 8일간 이어졌다.

— 호사카 노부토가 편집, 제작한 《우에요, 웃으세요》가 출판되었다. 쇼키치와 오랜 인연을 맺고 그의 생각을 잘 알고 있는 호사카가 정리했다.

— 고등학교 야구로는 20년 만에 오키나와 수산고등학교가 갑자원 4강에 진출, 마운드에 섰다. 응원가로 〈하이사이 오지상〉이 사용되어 화제가 되었다.

1988년 10월 19일(40세) 미루쿠유가후 축제

— 아버지 키나 쇼에이의 독주회 '키나 쇼에이 미루쿠유가후 축제'를 나하시, 오키나와시, 나고시, 이시가키시, 요나구니섬에서 개최했다. 성대를 다쳐 목소리가 나오지 않아 14년간 가수 생활을 단념한 쇼에이의 복귀 공연이었다.

쇼에이는 복귀가 무리라고 생각했으나, 쇼키치가 "목소리는 안 나와도 됩니다. 함께 산신을 연주해주세요"라며 아버지를 설득했다. 키나 쇼에이가 부활한 독주회는 매회 입석 관객이 나올 정도로 대성황이었다.

1989년(41세) 인도 공연

— 쇼키치로서는 잊기 힘든 푸네Pune(인도 서부 마하라슈트라주에 자
리한 도시)의 땅, 첫 방문으로부터 9년이란 세월이 흘렀다. 공
연장인 오쇼 코뮌(푸네에 있는 기초자치단체적인 활동의 장. 오쇼 라
즈니쉬를 중심으로 발생)에 수천 명의 청중이 들어찼고, 키나 쇼
에이가 산신을 연주하는 〈한타바루〉로 막을 열었다. 쇼키치의
원곡 공연이 이어지면서 공연장에선 관중이 피날레까지 전원
일어나 춤을 추었다.

현지 언론은 1면 톱기사로 공연 상황을 전하며 "훌륭할 정도
로 동양과 서양을 잘 융합했다"고 극찬했다.

— 오쇼 코뮌에서 대성황리에 막을 내린 공연을 알게 된 인도 관
광협회로부터 서인도 최대의 힌두교 코끼리신의 축제, '가네
쉬 페스티벌'에 출연 의뢰가 왔다. 공연장은 유서 깊은 네루
기념 경기장으로, 작가 딜립 치트라, 음악가 우스만, 간 등 저
명한 인사들이 청중에 포함되어 있었다.

1만 명이 넘는 관중이 열광해 모두 일어나 춤을 추는, 인도에
선 흔치 않은 상황이 발생해 현지 경찰이 당황하여 공연을 중
지시키는 해프닝도 있었다. 이것이 오히려 화제를 모아 다음

날 아침 1면 톱뉴스로 다룬 신문을 포함해 20여 개 신문에 크게 보도되었다.

1990년(42세) [니라이카나이 파라다이스] 발표

— 오키나와 세소코지마에 디지털 레코더를 가져와 총원 25명이 로그하우스 펜션에서 합숙하며 오키나와 최초로 디지털 녹음을 했다. 레코딩에 이렇게 힘을 쏟은 것은, 오키나와 본래의 것을 다시 찾고 싶다, 오키나와에서 레코딩을 하고 싶다는 쇼키치의 의지 때문이었다.

〔마츠리〕 이후, 납득이 가는 환경이 조성되지 않으면 앨범 발표를 하지 않겠다고 마음먹은 쇼키치의 복귀작이었다. 7년이라는 긴 여행 동안 배양된 생각과 에너지가 작은 섬의 스튜디오에 가득 차 앨범에 수록되었다.

— 아파르트헤이트(인종격리) 정책 반대를 위한 지지를 호소하며 출소 후 첫 방일한 흑인해방운동가 넬슨 만델라를 떠나보내는 '안녕 도쿄집회'(히비야 야외 공회당)에 와타나베 사다오(뮤지션. 작곡가), 미나미 마사토(록, 포크, 레게의 대표적 가수) 등과 함께 출연했다. 쇼키치가 무대에서 "나는 오키나와의 독립운동을 일으키려 하니 잘 부탁한다"고 발언하자 회장이 순식간에 얼어붙었으나, "어디로부터 독립이냐 하면 국경선으로부터입

니다. 지구는 하나여야 하고, 국경선 따윈 필요 없습니다"라고
말을 이어가자 박수갈채가 쏟아졌다.

1991년(42세) 아마미 군도 콘서트

— 현재 가고시마현에 속하는 아마미 군도는 류큐 시대까지는 오
키나와와 하나였다. 오키나와와 아마미 군도는 전쟁 후 미국
의 점령하에 놓였다가, 아마미 군도가 한발 먼저 일본에 반환
되어 가고시마현에 속하게 된다. 오키나와도 1972년에 반환되
어 오키나와현이 탄생했지만 오키나와와 아마미는 다시 하나
가 되지 않고 분할된 채로 현재에 이른다.

쇼키치는 오키나와와 아마미는 하나라고 주장하며 아마미오
오시마, 키카이지마, 도쿠노시마, 요론지마, 오키노에라부지
마를 돌며 콘서트를 했다. 이때 지역 청년들과의 교류가 결실
을 거둬 각지에서 에이사대가 결성되어 지금은 초등학교 수업
에 포함될 정도에 이르렀다.

1991년(43세) [어스 스피릿] 발매

— 프랑스에서 녹음한 [어스 스피릿Earth Spirit]에는 오키나와 노래
가 수록되어 있다. 쇼키치가 21세기를 여는 열쇠를 쥐고 있다
고 하는 선주민先住民(흔히 원주민)은, 영어로는 인디저너스(원산

의, 토착의)라고 불리며, 그 의미는 '대지와 함께 살다'이다.

쇼키치는 오키나와의 전통적인 에이사곡 〈츈쥰나가리伸順流り〉를 〈어스 스피릿〉으로 제목을 바꿨다. 〈돈돈부시ドンドン節〉는 도쿠노시마의 민요이고, 〈단챠메谷茶前〉는 오키나와 민요의 대표곡이다. 〈쿠바라파즈 쿠이챠クバラパーズ·クイチャー〉는 미야코 지마에서 기우제 춤을 출 때 부르는 노래 〈쿠이챠クイチャー〉가 멋지게 변신한 것이다.

키나 쇼키치 & 참프루즈와 프랑스, 카리브, 아프리카 출신의 음악가들이 공동 작업을 통해 오키나와 민요가 완전히 새롭게 태어났다. 음악 잡지에서는 오키나와만을 위한 것이 아니라 지구를 향해 열린 "아름다운 섬노래"라고 평가했다.

1991년 12월 31일(43세) NHK 홍백가합전 출연

— 홍백가합전 출연에 대해 찬반 여론이 나뉘었다. 오키나와 민 요계의 인물이 NHK의 홍백가합전에 출연하는 일은 전대미 문이었기에, 오키나와 민요계에서도 큰 소동이 났다. 쇼키치 는 고민했지만, 포토저널리스트 요시다 루이코의 "나가 보는 게 어때?"라는 한마디에 결심을 굳혔다. 기자회견에서 쇼키치 가 남긴 코멘트는 "NHK가 모처럼 다루기 힘든 인간을 초대 했다"였다. 출연곡은 〈모든 이의 마음에 꽃을すべての人の心に花を

(일명 하나花)〉.

– 오키나와 일본반환 20주년 기념행사 '아시아 민족교류 음악
제'에서 쇼키치가 감수역을 맡았다. '음악을 통해 이웃한 아시
아 여러 나라의 사람과 사람, 민족과 민족 간의 교류를 이끌어
내자'라는 취지로 개최된다. 후일 중국에서 〈하나花〉가 공전
의 히트를 치게 되는 계기가 바로 이 음악제에서 생긴다. 대만
의 에밀 쵸(주화건, 홍콩출신 가수 겸 배우)와 키나 쇼키치의 만남
이다.

1992년(44세)

– NHK 방송 프라임 10 〈아시아 해도プライム10 アジア海道〉의 테마
음악으로 〈흘러가는 대로〉가 사용되었다.

– 키나 쇼키치의 44년 반생을 이야기하는 토크라이브라는 간판
을 내걸고 8일간에 걸쳐 〈THE 8DAYS LIVE〉를 개최했다.
쇼키치가 걸어온 길을 여러 게스트와 함께 이야기하고 객석으
로 문제의식을 던지며, 라이브로는 쇼키치의 역사를 거슬러
올라가며 전곡을 선보였다.

8일 간의 토크 게스트로 키나 쇼에이, 히라나카 아키노부(전 프
로복서, 전 WBA 세계 주니어웰터급 챔피언), 호사카 노부토, 기무
라 마사아키(해양지질 및 지진학자), 미야자와 카즈후미(싱어송라

이터 겸 배우) 등 다채로운 장르의 인물들이 환경, 인권, 전쟁, 핵발전소 그리고 음악, 전통, 문화 등 다양한 주제로 이야기를 나누었다.

– 오키나와에서 출발한 본격적인 레코딩 스튜디오 JAVY에서의 첫 작품 〔IN LOVE〕를 발매한다. 경쾌한 템포와 기분 좋은 산신 연주가 가미된 첫 곡 〈히야미카치부시 ヒ ヤ ミ カ チ 節〉는 오키나와 문화의 원류에 몸바쳐가며 탐구하고 알려온 야마우치 세이힌이 작곡하고 샤하나 노보루와 함께 자유민권운동으로 투쟁한 타이라 신스케가 작사한 노래다. 〈히야미카치우키리 ヒ ヤ ミ カ チ ウ キ リ〉는 '일어서라, 깨어나라'라는 뜻으로 이 두 사람의 사상이 음악과 가사로 표현되어 지금은 오키나와 응원가 중 대표곡으로 불리고 있다. 오키나와 민요와 오키나와 자체를 주제로 한 노래가 대부분이다.

1993년(45세)

– UN이 제정한 국제 선주민년을 기념(원주민의 날)하기 위해 제3회 '니라이카나이 축제 ニ ラ イ カ ナ イ 祭り'를 개최, 사전 행사로 치넨촌 知念村의 성지 세후아우타키에서 나하에 있는 오우노야마의 오키노구까지 '세이크리드 런 Sacred Run(신성한 달리기)'을 열어 국제 거리에서 퍼레이드를 했다.

젊은 음악가들을 모아 환경을 생각하는 '세이브 더 맹그로브 콘서트'를 열고 맹그로브 나무 2000그루를 심기도 하고, '어스 아트 페스티벌'에서는 온 세계 선주민들의 전통예술을 선보였다.

1993년 12월 31(45세) 앨범 [레인보우 무브먼트] 발표

– 쇼키치를 흠모하는 일본의 젊은 아티스트들이 참가했다. THE BOOM의 미야자와 카즈후미가 쇼키치에게 선물한 〈사랑은 내 가슴 속에〉와 두 사람이 함께 군함도를 여행하며 만든 〈지구의 눈물에 무지개가 걸릴 때까지〉, 보 검보스BO GUMBOS 돈토의 코러스와 KYON의 피아노 연주에, 30명 가까운 아티스

대전세계박람회에서

키나 쇼키치 연보

트가 관객이 되어 박수갈채를 보낸 〈시마구와 록앤롤〉. 〈마부야마부야〉는 ZELDA의 코지마 사치호가 과감하게 처음부터 끝까지 오키나와 말로 작사에 도전해 환상적인 자장가 노래가 탄생했다.

아이누 세계를 노래한 장대한 서정시 〈숲의 사람이여〉에선 100년 전까지는 광대한 자연에 둘러싸여 살아가던 동물들의 모습, 잃어버린 자연의 아픔과 탄식을 들을 수 있다.

– 1993년, 한국 대전 엑스포에서 〈하나花〉를 불렀다. 문화 개방 전, 한국에서는 일본어 노래를 부르는 것이 금지되어 있던 시기였다.

1994년(46세) 중국 베이징 투어

– 중국 전역에서 크게 유행한 노래 〈하나花〉(중국명 〈花心〉)의 원곡자로서 베이징에 초빙되었다.

– 5월 1일 노동절에 외국인 아티스트로는 규모, 명예 면에서 최대급 장소인 자금성 내 노동인민문화궁에서 공연했다.

– 유네스코가 주최하여 나라 토다이지에서 열린 20세기 음악유산기록을 위한 콘서트 'GME '94 아오니요시'에서 밥 딜런, 조니 미첼, 라이 쿠더 등 세계의 아티스트들과 함께 공연했다.

– 나하시 오우노야마 공원. 1993년 일본을 강타한 농작물 대흉

년을 자연이 보낸 경고로 받아들여 오곡 풍요를 기원하며 대지 자연의 은혜에 감사하는 '산업부활제'를 개최했다. 오키나와 조상신이자 곡식을 가져다주는 아마미키요, 시네리키요와 같은 신들부터, 명나라(중국)로부터 고구마를 가져와 대기근에서 사람들을 구한 노구니 총관(류큐왕국 시대 오키나와 본도에 있던 노구니 촌을 다스리던 관리), 그 고구마 재배법을 널리 알리고 사탕수수 재배, 조당기술을 전수한 기마 신죠, 치수공사를 해 농업부흥에 공헌한 구시챤우에카타(사이온) 등 역대 오키나와 위인들에게 감사의 뜻을 표명했다.

1994년(46세) 앨범 [화신火神] 발표

– '화신火神'은 오키나와에서 부엌 같은 곳에 봉해진 불의 신이다. "불을 숭배하는 신앙은 어디에서나 볼 수 있죠. 불은 인간의 마음을 나타냅니다. 식물도 별도 모두 그 중심에는 불이 있습니다. 혼도 불이 붙지 않으면 아무것도 할 수 없습니다. 살아가는 모든 것은 불을 가지고 있습니다. 이러한 불은, 혼의 네크워크라고도 할 수 있는, 불이 붙어 불타오르고 있는 것들끼리 자연히 이어지는 성질을 가지고 있습니다. 그 불을 한순간에 일으킬 수 있다면 새로운 흐름을 만들어낼 수 있겠지요."
〈타키오토시〉는 오키나와의 전통적인 거문고 곡으로, 7단까지 있는 것 중 2단을 키나 쇼키치풍으로 편곡한 노래다. 라이브 공연에선 연주곡으로 빼놓을 수 없지만, 곡에 담긴 세계관의 장대함 때문에 레코딩된 적은 없었다. 앨범 주제곡인 〈화신〉도 마찬가지로 쇼키치가 10년 이상 애지중지 아껴온 곡이다. 〈화신〉은 밴드 내에서 튜닝할 때 이용하는 곡이기도 하다.

쇼키치는 무대에 오르면 타협을 일절 허용하지 않는다. 멤버 간의 마음이 맞지 않을 때 조율하기 위해 쇼키치는 〈화신〉 연주를 시작한다. 서로가 가진 에너지를 끌어내서 한계에 도전한다. 그리고 한계를 넘었을 때, 밴드는 하나가 된다. 참프루즈가 하나가 되어야 비로소 그 음악을 듣는 사람의 마음도 하나가 될 수 있다는 취지다. 그럴 때 라이브 공연장은 축제의 도가니로 변할 수 있기 때문이다. 그런 〈화신〉이 처음으로 레코딩된 이 앨범은, 4반세기를 넘어 키나 쇼키치 & 참프루즈를 집대성한 것이라 할 수 있다.

1995년(47세) 쿠로시오 기원 순례 '사바니 피스 커넥션'

— 종전 및 피폭 50주년 평화기념 행사 쿠로시오 기원 순례 '사바니 피스 커넥션'이 개최되었다. 옛 오키나와로부터 전해오는 배 '사바니'로 요나구니를 시작으로 25개 섬을 노를 저어 돌며 각지에서 노래를 부르며 에이사를 추고 류큐 사람들의 평화를

바라는 마음을 받아 히로시마, 나가사키로 '평화의 메세지'를 전달했다.

— 쥬디 옹Judy Ongg(일본에서 활동한 대만 출신의 가수, 배우, 판화가. 중일 국교 정상화를 계기로 일본에 귀화)의 프로듀스로 베이징 평화음악제에 참가했다. 이 축제는 "21세기를 향해 아이들에게 평화로운 세상을 전하고 싶다"는 쥬디 옹의 강한 신념으로 실현되었다. 공연장이 된 텐단 공원은 미륵보살에게 헌상된 성지로, 이제껏 이벤트 용도로 사용된 적이 없었으나 평화음악제를 위해 특별히 허가가 나서 개방되었다.

1996년(48세)

— 쇼키치의 음악과 오랜 기간에 걸친 평화 활동이 인정받아 애틀랜타 올림픽 공식 문화 이벤트인 '하이사이 애틀랜타'에 초빙되었다.

— 5월 15일은 일본반환 기념일로 오키나와에서 여러 행사가 벌어진다. 1996년부터 본격화된 미군기지 문제와 일본에 대해 복잡한 감정이 현민들 사이에 터져 나와, 5월 15일을 앞두고 여기저기서 '독립'이란 단어가 나오기 시작했다.

일본에 대한 반감에서 시작된 독립론은 감정적이고 위험할 뿐이라든가, '독립지지', '독립반대'로 나뉜 것이 아니라 감정만으로 독립을 외치지 않고, 우선 왜 '독립'해야 하는가, 왜 '독립'하면 안 되는가 등 역사적 배경이나 경제적 시점에서 문제점을 제의하며 이론적으로 고찰해보자는 요구에 의해 '오키나와 독립 가능성을 둘러싼 토론회'가 개최되었다.

키나 쇼키치는 "이번 오키나와 문제는 한 소녀의 비극에서 시작되었습니다. 그녀의 용기가 전 세계의 양심을 붙잡은 역사적인 외침이었습니다. 그런데 어느새 한 소녀의 이야기가 국제도시 구상이라는 돈 문제로 바뀌어버렸습니다. 다시 한번 인권문제로 돌아갈 필요가 있습니다. 우리는 배불리 먹기 위해 살아가는 게 아닙니다. 살기 위해 먹는 것입니다"라고 생각을 전했다.

1997년(49세) 9월 2일 사바니 피스 커넥션 '97

— 해상 헬리포트 건설 문제로 동요動搖 중인 헤노코(오키나와현 나고시에 있는 지명) 주민들을 지원하며 이 문제가 나고시만의 문제가 아니라 오키나와, 그리고 나아가 일본 전체의 문제임을 알리기 위해 사바니(류큐 열도에서 오래 전부터 사용한 어선의 일종) 피스 커넥션 '97을 개최했다.

사바니는 1960, 1970년대 CTS 반대투쟁(오키나와 본도 긴만에 들어설 원유비축기지 건설을 반대하는 운동)이 불타올랐던 긴만, 야케나에서 출발하여, 본도를 한 바퀴 돈 후 헤노코에 도착했다. 노잡이들을 마중 나가 헤노코 마을 활성화를 위한 '용신제'의 일환으로 콘서트를 개최했다. 쇼키치와 뜻있는 멤버들은 '소녀의 눈물이 보인 용기, 거기에 많은 사람들의 마음이 움직였다. 그 등불을 꺼트려선 안 된다'는 마음으로 노를 저었다. 사바니 행사를 끝내고 언론과의 인터뷰에서 키나 쇼키치는 이렇게 말했다.

"사바니가 기지를 없앨 해결책이 될 수 없다는 것 정도는 알고 있습니다. 그러나 평화를 바라는 마음, 한 명이라도 더 많은 사람들의 마음을 모으는 것, 그건 언젠가 커다란 힘으로 바뀔 것이라고 믿고 있습니다."

1997년 아리랑에 무지개를

— 점점 심각해지는 북한(조선민주주의인민공화국)의 기아 문제를 이웃으로서 보고만 있을 수는 없다며 자원봉사 단체와 협력해 본토와 오키나와에서 4차례 자선 콘서트를 열고 북한을 방문했다.

오키나와에서 미군기지를 철수시킬 수 없는 원인으로 주요하게 꼽히는 것 중 하나가 바로 '북한의 위협'이다. 쇼키치는 "위협 때문에 기지를 없앨 수 없다면 위협 그 자체를 없애버리면

아리랑에 무지개를 콘서트

된다"고 생각해 오키나와부터 성의를 보이자는 뜻에서 '아리
랑에 무지개를' 자선 콘서트를 열고 북한에 쌀을 보내는 운동
을 전 일본에 호소했다.

1998년(50세)

— 홋카이도에서 아이누 사람을 중심으로, 남으로는 오키나와 멤
버들을 중심으로 해 가마쿠라까지 일본을 종단해서 기도를 바
치는 '세이크리드 런 98' 행사를 열었다.

미국에 요구하기 앞서 일본 전국에서 풀뿌리처럼 활동을 이어
가고 있는 주민운동가와 평화를 생각하는 사람들의 마음을 모

아 일본이 품고 있는 문제들에 대해 목소리를 먼저 내자는 취지였다.

남쪽 루트는 오키나와의 헤노코, 이사하야(나가사키현), 미나마타(구마모토현), 히로시마, 나가사키 등을 이어서 달렸다. 국토 종단 합류 지점인 가마쿠라에서는 세이크리드 런 제창자인 데니스 뱅크스와 메디슨맨(미국 인디언 주술사)인 레오너드 크로우독, 홋카이도 아이누족 이시이 폼페를 시작으로 선주민들이 마중 나와 키나 쇼키치와 한 걸음 한 걸음 대지를 밟으며 일본 열도를 위해 기도하며 달리는 이들을 둘러싸고 성대한 의식을

북한을 방문한 키나 쇼키치 일행

치렀다.

− 흑선이 가져온 '문명개화'의 대가로 미국에 '평화개화'를 가져
다준다는 취지로 약 3주간에 걸쳐 미국 대륙을 횡단했다. 인디
언 거류지, UN본부, 이로쿼이 연맹 등에서 '노래, 춤, 의식, 기
도, 명상'의 다섯 요소를 기본으로 둔 '백선'White Ship of Peace 축
제를 개최했다.

1999년 10월 20일(51세) 한국 최초의 일본 뮤지션 공연

− 한국에서 개최된 '동아시아 평화를 위한 종교와 문화 포럼'에

동아시아 평화를 위한 종교와
문화 포럼 공연

서 〈하나花〉를 불렀다. 키나 쇼키치는 1999년 9월, 김대중 정부의 일본 문화 2차 개방 이후, 2000석 이하 규모의 내한 공연이 가능해진 후 처음 한국에서 공연한 뮤지션이다. 당시 청와대 민정수석 비서관이었던 김성재 김대중노벨기념관 이사장이 키나 쇼키치의 내한 공연을 기획했다. (이대희 기자, 〔인터뷰〕 '오키나와 레전드'의 아리랑 "난 지구인입니다"〉, 《프레시안》, 2017. 11. 09 참고.)

1999년 10월 24일(51세) 대만지진 자선 콘서트

– 대만의 지진 피해자 지원을 위해 콘서트에 출연했다. 지진 보도를 접한 직후, 대만지진 원조위원회가 발족되어, '전하자, 류큐의 마음'을 주제로 지원을 위한 자선 콘서트를 개최했다. 현 내 기업, 단체, 개인 등으로부터 기부와 콘서트 수익을 합해 약 2000만 엔을 중류(중화민국과 류큐, 즉 대만과 오키나와)문화경제협회 류큐 소재 사무소를 통해 피해자에게 전했다.

1999년 11월(51세)

– 대만의 타이페이, 타이중, 가오슝에서 자선공연을 열었다. "한신대지진 때도 사람들이 다시 일어서려고 노력하는 모습에 감동을 받았습니다. 대만 사람들도 어서 다시 일어서면, 역시나

피해를 입은 터키 사람들도 함께 힘을 낼 겁니다. 용기를 내주세요." 하고 대만에서 큰 인기를 얻고 있는 〈하나花〉를 노래했다.

─ 2000년에 개최되는 니라이카나이 축제에 앞선 연계 행사로 마하트마 간디의 유지를 이어 평화운동을 전개하고 있는 아룬 간디를 오키나와로 초청해 '모든 폭력을 뛰어넘어'라는 간디 강의회를 개최해 진정한 평화란 무엇인가라는 질문을 던졌다.

─ 미군 후텐마 비행장 대체 이전의 장소로 결정된 나고시 헤노코의 어항漁港에서 1999년 마지막 밤부터 2000년 이른 아침까지 새해맞이 이벤트를 개최했다. 영화 〈카메지로〉(전후 미군의 토지강탈, 인권유린에 맞서는 남자 카메지로를 그린 영화. 1998년 작품)를 상영하고 키나 쇼키치 & 참프루즈 콘서트를 밤새 열었다.

2000년 이후

─ 키나 쇼키치는 음악 활동과 병행해 평화운동을 펼치며 세계 각지로 ─ 한반도에선 광주(2000, 52세), 평양(2002, 54세) ─ 공연을 다닌다. 주목할 만한 행보인 이라크 평화 가두행진(2003, 55세), 참의원 활동(2004~2010, 56~62세), 오키나와현지사 선거(2014, 66세) 등은 인터뷰를 통해 다루었으므로 여기선 생략한다.

– 키나 쇼키치의 주요 메시지는 언제나 "전쟁보다는 축제를!"이
며 좀 더 정밀히 하면 "모든 사람의 마음에 꽃을, 모든 무기를
악기로, 모든 기지를 화원으로, 전쟁보다 축제"이다.
– 2019년 현재 71세인 키나 쇼키치의 마지막 도전은 DMZ에서
한반도 평화를 위해 공연하는 것이다.

■ [키나 쇼키치 & 참프루즈](喜納昌吉＆チャンプルーズ) 1977/11/15

참푸루즈의 기념비적인 첫 앨범. 당시 오키나와
에서 처음으로 24인치 멀티 레코더를 민요클럽
미카도에 가지고 와 라이브로 녹음했다. 일본의
베스트 록 앨범 100에도 선정, 신선한 충격을 준
명반으로 현재까지 사랑받고 있다.

■ [BLOOD LINE] 1980/06/21

라이 쿠더(Ry Cooder)가 참여해 하와이에서 레코
딩했다. 오키나와 동요를 편곡한 〈진진(ジンジン)〉
은 영국 디스코 차트에 올랐다. 〈꽃: 모든 이의
마음에 꽃을(花〜すべての人に心に花を〜)〉 오리지
널 버전이 수록되어 있다.

■ [축제](祭) 1982/08/21

그해 외국인이 뽑은 일본 앨범 베스트 10. 어린
시절 키나 쇼키치가 자주 놀곤 했던 온나손의 해
변을 모티브로 표지 일러스트를 본인이 직접 그
렸다.

■ [THE CELEBRATIONS LIVE] 1983/02/01

[축제(祭)]의 도쿄, 오사카 라이브 공연 수록판으로 2장으로 이루어진 LP. 아이누족의 혼을 노래한 〈아이누프리(アイヌプリ)〉의 연주는 반드시 들어볼 것.

■ [니라이카나이 PARADISE](ニライカナイ PARADISE) 1990/08/08

[THE CELEBRATIONS LIVE] 이래 7년의 공백을 거쳐 발표된 앨범. 아버지 키나 쇼에이(산신), 키나 토모코(노래, 키나 쇼키치의 전 부인)도 참여했다.

■ [Earth Spirit] 1991/09/20

프랑스 부르쥬 봄 음악제에 참가했을 때 파리에서 레코딩했다. 프랑스의 뮤지션과 공동작업으로 세련된 완성도를 보이고 있다.

■ [참프루즈 르네상스](チャンプルーズルネッサンス) 1992/03/25

야마나카코의 스튜디오에서 대설 속에서 레코딩되었다. 사실은 이때 홍백가합전의 오케스트라도 녹음되었다. 깜짝 해프닝을 싫어하는 NHK의 고심을 엿볼 수 있다.

■ [흘러가는 대로](流れるままに) 1992/06/10

NHK 프라임 10 〈아시아 해도〉의 테마송으로 [흘러가는 대로]를 새로이 일본어로 녹음한 싱글앨범.

■ [RAINBOW MOVEMENT] 1993/12/04

국제 선주민의 해인 1993년에 개최된 '니라이카나이 축제'에 참가한 THE BOOM, 다카노 히로시, ZELDA, 보 검보스, 소울플라워유니온, 야마구치 히로시 등이 참여했다. 참프루즈와 일본의 젊은 음악가들이 만난 앨범.

■ [PEPPERMINT TEA HOUSE] 1994/06/10

데이비드 번(David byrne)의 레이블인 루아카 밥(luaka bop)에서 세계 각지로 발매된 앨범. 프로모션을 위해 미국, 캐나다, 영국에서 콘서트를 열었다. 데이비드 번은 1998년 백선(白船) 계획 때 했었던 뉴욕 콘서트에 방문해 키나 쇼키치 & 참프루즈의 연주에 감탄했다.

■ [화신](火神) (1994/12/5)

당시 참프루즈를 집대성한 앨범. 라이브로만 연주한 〈화신(火神)〉이나 류큐 고전 〈폭포떨구기(滝落し)〉 등이 수록되어, 키나 쇼키치 노래만의 매력이 넘친다.

■ [모든 무기를 악기로](すべての武器を楽器に) 1997/12/20

일본 콜롬비아 레코드사로 이적한 후의 첫 앨범.
시라이 요시아키, OTO, S-KEN의 프로듀스로
처음으로 클럽 디스코 음악을 시도했다. 수록곡
〈사바니(サバニ)〉에는 1995년도에 있었던 '사바니
피스 커넥션(サバニ・ピース・コネクション)'의 실제 현장 소리가 사용
되었다. 또한 1995년 오키나와에서 일어난 두 건의 소녀폭행사건을
노래한 〈소녀의 눈물에 무지개가 걸릴 때까지(少女の涙に虹がかかるま
で)〉도 수록.

■ [아카인쿠](赤犬子) 1998/07/18

참프루즈의 첫 오키나와 민요앨범. 키나 쇼키치
는 이 앨범 제작 시 처음으로 아버지 쇼에이에게
민요를 배웠다. 부자 합동 앨범이기도 하다. 오키
나와 민요를 기조로 한 참프루즈의 실력을 보여
준 앨범으로 높이 평가된다. 앨범 제목이기도 한 '아카인쿠(赤犬子)'는
류큐 민요의 선조이며 류큐왕조 전성기인 쇼신 왕 시대에 활약한 천
재로 산신(三線)의 개발자로도 알려져 있다.

■ [잊지 않았습니다 잊으면 안 됩니다]

(忘てぃやういびらん 忘てぃやないびらん) 2004/05/20

오키나와로부터의 메시지 〈철망이 없는 섬(金網の

ない島)〉, 한신대지진을 노래한 〈고베로부터의 기

도(神戸からの祈り)〉. 오키나와의 '긴만(金武湾)'을

지키는 모임'을 결성하고 CTS(석유저장기지) 반대

운동의 리더였던 아사토 세이신(安里淸信)을 기념한 〈아사토 할아범〉,

산신 버전의 〈하나(花)〉 등 모두 6곡을 수록.

■ [니라이 파나](Nirai Pana) 2012/05/15

오키나와 반환 40주년 기념앨범.

■ [후지산 Japan 하나…레이와 버전]

(富士山 Janpn 花…令和バージョン) 2019/09/04

일본(본토) 전통엔 없는 류큐 음계만 사용해온 키

나 쇼키치가 〈후지산 Japan〉으로 처음 엔카에 도

전한다. 레이와(令和) 시대(2019년 5월 1일부터 일본

에 새롭게 적용되는 연호)를 맞아 〈하나(花)〉를 재편

곡한 버전도 실려 있다.

- 《모든 무기를 악기로》(すべての武器を楽器に), 冒険社, 1997.

- 《영성의 네트워크》(霊性のネットワーク)(공저), 青弓社, 1999.

- 《키나 쇼키치 1948~2000 흘러가는 대로》(喜納昌吉 1948~2000 流れるままに), エイト社, 2000.

- 《모든 사람의 마음에 꽃을》(すべての人の心に花を), 双葉社, 2001.

- 《언젠가 꽃을 피웁시다》(いつの日か花を咲かそうよ), 光文社, 2004.

- 《いちゃりばフレンズ》, ウェイツ, 2004.
  "いちゃりばフレンズ"는, 오키나와 방언으로 '오다가다 만나면 모두 친구다'라는 의미.

- 《반전평화수첩—당신만이 할 수 있는 새로운 일》(反戦平和の手帖—あなたしかできない新しいこと), 集英社, 2006.

- 《오키나와의 자기결정권》(沖縄の自己決定権)(공저), 未來社, 2010.

미래는 바로 지금부터 시작하는 거지.

평화 일직선, 키나 쇼키치를 만나다

초판 1쇄 인쇄 ǀ 2019년 10월 30일
초판 1쇄 발행 ǀ 2019년 11월 5일

지은이 김창규
책임편집 손성실
편집 조성우
마케팅 이동준
디자인 권월화
일러스트 신병근
용지 월드페이퍼
제작 성광인쇄㈜
펴낸곳 생각비행
등록일 2010년 3월 29일 ǀ 등록번호 제2010-000092호
주소 서울시 마포구 월드컵북로 132, 402호
전화 02) 3141-0485
팩스 02) 3141-0486
이메일 ideas0419@hanmail.net
블로그 www.ideas0419.com